STYLE

STYLE

A Life Less Throwaway:

The Lost Art of Buying for Life

精準購買：

Tara Button 塔拉・巴頓／著

潘恩典／譯

比「斷捨離」更極簡、

永續的究極之道

目錄 CONTENTS

〈前言〉我為什麼想要祖母的褲襪？

我祖母的褲襪可以穿上一輩子。她的褲襪非常耐用，甚至能用來拖動車子，而且也真的拖過車子！祖母有兩雙褲襪，以便換洗。但後來製造商決定改變製造方式，生產出較不耐用的褲襪。因此我每天早上挑褲襪時，都像是在玩碰運氣的輪盤遊戲，不知道哪雙會被拉破。

有一整個抽屜的廉價襪子，也不是什麼天大的災難，但我卻從中看出一個大問題。我們的住家和人生，都被這些令人失望的東西塞滿了。它們讓我們充滿焦慮，掏空了我們的銀行戶頭。但也正因為它們都是粗製濫造，或只是一時流行的商品，我們才會近乎變態、無法自拔地不斷購買。

我們難道非得過這樣的生活？一定要購買這些「用過即壞」，必須不斷更換的商品嗎？就不能挑選一些美觀耐用，可以用上一輩子的東西嗎？

我在二〇一三年首次有這個想法，後來再把它發展成具體的概念。在那之前，我還是購物狂俱樂部的會員。我會定期繳會費、隨身攜帶會員卡，也會不假思索地買東西。

我一直有亂花錢的毛病。我媽媽說，小時候她不管給我多少零用錢，我總是很快又囊空如洗。長大後我仍有這個壞習慣。每當想要買什麼，就馬上要得到。因此我的生活和住家總是充斥著一些「看似必要，卻又不太符合需要」的東西。我買東西時，考慮的並不是它耐不耐用。我買了一堆和我只有露水姻緣的東西。我會因一時衝動買下衣服、奢侈品和健身器材。但在衝動散去後，又覺得自己不該花這些冤枉錢。

亂花錢的習慣讓我欠下大筆卡債。我變得很自責，痛恨自己為何那麼幼稚，無法控制自己。我回到家後，常看到滿屋狼籍的景象，但也累得沒力氣打掃，只能呆望著成堆不再流行的衣服。我很納悶為何我連一件能穿出去見人的衣服都沒有。

和很多人一樣，我也常會覺得：「如果我做了某件事，買了某個東西，我就會很快樂。」但我並不清楚自己是怎樣的人，或想成為怎樣的人。我總是不自覺地依著伴侶的要求，改變自己的行事風格。和前任伴侶分手後，我變得像行屍走肉一樣，必須靠抗憂鬱藥才能活下去。當時我眼看就要三十歲了。

我覺得自己已經毀了，現在只能把人生，像用過的衛生紙般揉成一團丟掉。

那時我正好也進入廣告界，一個視道德如無物的領域。我的工作就是為一些全球知名品牌撰寫廣告文案，勸誘和我一樣的人去買更多商品，不管他們到底需不需要。在幾年前的一次度假，我在朋友面前精神崩潰。回程的飛機上，我躲進廁所，看著鏡中的自己，發誓一定要重新做人。只是我當時還不確定自己要做怎樣的人。

直到收到三十一歲的生日禮物，我才知道自己要做的改變是什麼。那份生日禮物是個粉藍色的酷彩法廚（Le Creuset）鑄鐵鍋。這種鑄鐵鍋的口碑很好，據說可以用上好幾代。我拿著它時，覺得就像拿著一個傳家之寶。我把玩著這個漂亮的鐵鍋，覺得這輩子再也不必買其他鑄鐵鍋了。我不禁想著：「如果我以後都買這樣的產品，那該有多好。」

在感動之餘，我開始搜尋其他能讓我用上一輩子、陪著我白頭到老的物品。這些作工精細的一流產品，才具有珍藏價值。

我也希望能找到某個網站，專門在銷售各種能用上一輩子的商品。但在搜尋後，才發現並沒有這種網站。因此我有個大膽的想法：「也許我該創立一個這樣的網站。」

我從未接觸過網頁設計。但我愈去思考創立網站的事，愈覺得這是個潛力無窮的好主意。如果我的網站能帶著大家脫離不斷購買，又不斷丟棄的循環，世上最嚴重的一些問題可能也會迎刃而解。過度消費造成的雜亂、不快和債務，都會因此得到紓解。用過即丟的文化對環境造成的影響，也會因此得到改善。實行精準購買一段時間後，還可以省下不少錢。

我開始實行精準購買，選購那些能用上幾十年，又能反映出個人價值觀的物品。接著我發現，這樣做不但實惠，而且還能讓心靈平靜。

我知道如果我不嘗試建立網站，心裡就一直會有遺憾。因此我在二〇一五年成立了網站BuyMeOnce.com，並在工作之餘尋找能用上一輩子的商品。我把收入減少了一半，省吃簡用地過活，把一半的時間投入正職工作，一半的時間用於打造自己的事業。

我建立網站的進展很慢，而且還有幾次出師不利的遭遇，但最後總算完成了。這個網站很陽春，沒有營利的方式，我也不知道是否有人造訪過我的網站。我想它就是個沒沒無聞的小站，用谷歌（google）搜尋引擎，也只出現在第六頁的一項搜尋結果中。

到了二〇一六年，我很意外地發現，我的網站奇蹟似地受到全球關注。「終身受用」爆紅了。網站收到數以千計的電子郵件，英國各大報也爭相報導，連美國電視臺都來訪問我。我當時還沒看出來，但我的網站正好反映出世人共同的心聲。他們都想拋棄用後即丟的文化。

這時我的人生已完全不同了。我奉行自己新發現的哲學後，開銷已經受到控制。遺憾的是，我並沒有蛻變成一個隨時保持整潔的人。但我把我一半以上的衣服，和好幾箱的雜物都送人了。就算家裡有些雜亂，我也能在幾分鐘內整理好。能長久地擁有自己喜歡的物品，我自然會開始好好照顧它們，也不會再隨便丟東西了。此外，我現在也不會像電影《搶錢家族》（*The Joneses*）描述的那樣，整天盲目地追逐流行，也重新找到真正的自我。我實踐著自己相信的哲學，發現能從其中得到很多好處，而且對自己的評價也提升了。我更因此找到一位真心的伴侶。我們在一起並不是為了各取所需，而是因為情投意合，他現在已經是我先生了。他是個親切又風趣的眼鏡男，我從沒想過和某人在一起會如此快樂。

我現在要和大家分享我的哲學，一套能藉著改變思想和行為模式，提高生活品質的哲學。我希望這本小書不但對個人有幫助，還能影響很多讀者，進而改善整個地球。

這本小小的書能發揮什麼功用？

我們常過著行屍走肉般的生活，總是在追隨潮流，買一些粗製濫造，卻沒有長久價值的商品。本書要探討的就是這個問題。

我還要揭露一個祕密。我們都在他人的操弄下，誤以為自己目前擁有的東西不足，甚至對自己百般挑剔。因此我們開始不斷添購新衣服、家具和家電用品，以及更新的科技。我在廣告界闖蕩了十幾年，深知廣告營造出的只是一個光鮮亮麗的陷阱。我希望能幫助大家認清廣告的伎倆，不要受到他們花言巧語的矇騙。

我們為何會養成過度購買的習慣？這通常和自我價值感太低有關。因此本書中的一些章節，會教導你如何去評斷自我的價值。**多一件東西或少一件東西，都不會影響你身為一個人的價值。**

了解你擁有的東西並無法改變你的價值後，就可以更輕鬆地挑選想要的物品。開始實踐準確購買，生活也會變得更簡單和充實，因為你的生活重心將不是消費，而是真正需要的東西。

我公司的名稱是「終身受用」。就像這個名稱說的，想要減少丟棄，就要挑選更耐用的商品。但我並不是在鼓吹購買一些華而不實的東西，讓你滿足自己的虛榮心。我提倡的是，只購買那些具實用性，又能讓你活得更充實的商品。

精挑細選

我把我的方法稱為「精挑細選」。這個名稱聽起來也許很華而不實，好像帶著高級桌巾到肯德基用餐一樣。其實這是個很恰當的名稱。「細選」代表的是仔細挑選。「精挑」則是指你要像藝術展的主辦人一樣。藝術展的主辦人會陳列同一主題的藝術品，和他一樣，你在為家裡添置物品時，也要挑選既符合你家的需求，又能反映出你個人品味的商品。這個過程可分為十個步驟：

一、了解你為何會有瘋狂購物的衝動，並研究對策抑制這種衝動（第二到六章和第十章）。

二、探討你的生活目的，和你必須完成哪些長期目標，才能達到這個目的。

三、找出你完成這些目標所需要的物品，而且你要學著自在生活，不要因為自己的社會階級，而隨波逐流地購買其他商品（第七到第九章）。
四、找出你自己的品味和風格，這樣你買的東西就永遠不會過時（第二和第五章）。
五、找出你自己的價值觀，和符合你的價值觀的品牌（第七章）。
六、檢視你已經擁有的東西，透過它們了解你目前的品味、優先需求和購買習慣（第八章）。
七、不要購買沒有必要的雜物（第八章）。
八、建立正確的金錢觀（第十五章）。
九、每當要購買某個東西，請先想想你長遠的需求，以及它是否符合你的品味（第五、第十和第十一章）。
十、學會保養維護你買的東西（第十二章）。

書中有些實用的作業，它們可以幫助你實踐上述的步驟。如果不詳細閱讀本書，直接進行這些步驟，就無法了解其重要性。但如果你時間不夠，想要馬上嘗試一下，那也無妨。

本書的目的，就是教你如何在這個廣告氾濫的世界中過得快樂。希望你能善用本書，讓它好好幫助你。我們現在就開始吧！

第一部

讓你破產的行為

第一章　精挑細選——拒絕世界的誘惑

本書要討論的重點，是我們和「物品」的關係。但我必須事先聲明，我的目的並不是讓你沉迷在物質誘惑中，而是要讓你擺脫誘惑。我要給你一些工具，讓你了解自己需要什麼、不需要什麼。此外我還要教你，如何讓你擁有的事物長久為你服務。

精挑細選的好處

我們都只是地球上的過客，擁有的金錢、精力和時間都很有限，而且我們可能都將大量的金錢、精力和時間，浪費在沒有用的事物上。用心比較，就能讓你善用自己的資源，將它們投注在對你最有意義的事物上。

只要能精挑細選，就不會因一時衝動而花錢，也比較能抗拒廣告和行銷手法的操弄。長此以往，你就會省下一筆錢。更重要的是，這筆錢並不是靠縮衣節食省下的。之所以能省到錢，是因為你能深入了解自己的需求，和什麼東西對你最有用。你買的東西通常會比一般人少得多，因此自然能省下一些錢。

只要能精挑細選，就能揮別那些粗製濫造又沒有價值的雜物。你的生活中，將只有完全符合自己需要的東西。這些東西不但能發揮最大功效，也能反映出你的價值，讓你過得開心。如此一來，你就能將更多的時間和精力，投注於最重要的事物，如家人、朋友和夢想，最後你就會成為人生的贏家。

耐用產品的好處

並不是所有產品都有一樣的品質。我想我們在購物時不考慮耐用性，已經行之有年了。廣告商竭盡所能地要我們忽略耐用性，並不是為我們好，而是為了滿足他們貪得無厭的欲望。但我們卻要面對壞掉的拉鍊、嘎嘎作響的洗衣機，和褲襠裂開的牛仔褲。

我開始把「珍藏一生」當成購物的標準時，必然也會考慮我想要的是怎樣的一生。這也就是說，我「珍藏」的東西，會反映出我真正的個性、價值觀和個人風格。我的珍藏習慣讓我家變得溫馨可愛，創造出一種宜人平靜的氣氛。這都是因為我有個和我氣味相投的家。

過去，我的家讓我很不自在。每當我走過自己的小王國，看到不能把麵包彈起的烤麵包機、搖搖晃晃的收納櫃、墨水乾掉的鋼筆和故障不斷的洗碗機，就覺得有如芒刺在背。但在購買值得信賴的用品後，家就變得舒適溫暖多了。

減少購物，不再頻繁地更換物品後，會有個更讓人高興的收穫，那就是你會買得起品質更好、更精心製造的商品。你將發現生活品質提升了。

這是極簡主義嗎？

沒錯，精挑細選確實是源自極簡運動。但不同的是，極簡主義講究的是盡可能簡化生活。但我們在實行極簡主義時，常會陷入一種不知如何是好的困境。我們會納悶什麼才是符合極簡生活的物品，也常會因為不知道某個物品是否真的必要，而陷入買與不買的矛盾中。

精挑細選就不同了。它指的並不只是擁有少得不能再少的物品，或和別人比較誰能活得更清寒。**所謂精挑細選，是要人們更了解自己的品味和價值觀**。了解自己的品味和價值觀後，就能抗拒不必要的東西和推銷者的詭計和誘惑。只要懂得精挑細選，你就會擁有恰到好處的東西，一點不多，一點不少。至於每個人該有多少東西，那就因人而異了。

精挑細選和盲目消費

生命中最好的東西並不是東西。

——阿爾特．巴克沃德（Art Buchwald）

精挑細選是一個很簡單的概念，但剛開始實踐時，你或許會覺得很難，這是因為我們都已經習慣了相同的思考模式，也就是盲目消費。

乍聽之下，盲目消費似乎是很自由和有趣的事。富二代上傳 Instagram 的每張照片，和所有的開箱影片，其實都是在炫耀盲目消費，只是他們沒有明說罷了。盲目消費是很危險的事，因為它會讓我們變得過度崇尚物質享受，近乎病態的程度。所謂病態的物質崇拜，就是過度在乎財產、物品和地位。崇尚物質的人比較小氣、不友善又不健康。他們比較不願意幫助他人，對自己的工作和生活不滿，較不關心環保，容易沉迷於賭博，容易負債，比較孤獨，也沒有長久和知心的朋友。崇尚物質的小孩在校表現也較差。總之崇尚物質是很糟的事。

但除了廣告業者和政府，我們身邊的朋友和孩子也不斷地對我們施壓和暗示，要我們著重物質事物。最要命的是，我們每天平均會看到五千則以上的行銷訊息。這當然會對我們造成負面影響。研究顯示，只要讓某人看幾張奢侈品的照片，或提到「地位」、「高價」等字眼，就能使他變得沮喪，讓他想贏過別人，並變得比較不願與他人和睦相處。蒂姆・凱瑟（Tim Kasser）近二十年來一直在研究物質主義的影響。在他看來，物質主義會造成一種拉鋸效應（see-saw effect）。在行銷訊息的刺激下，我們很容易把自己視為「消費者」，而不是芸芸眾生中的一分子。我們會關注於對物質面的追求，例如提升自己的地位和競爭力。我們崇尚物欲的負面想法會大量冒出，但服務社會、維繫人際關係、寬容、信任和合作等正面想法，卻會不斷流失。這些正面想法才是讓生活快樂圓滿的關鍵。

你一定聽祖父輩說過，過去的生活比較美好，人們也比較善良。說的一點也沒錯。近幾十年來，人們愈來愈執著於對物質的追求，我們的社群意識和彼此間的互信也不斷降低，大家也變得更不快樂。

這是一個可怕的惡性循環。有項研究對兩千五百位美國人進行六年以上的追蹤調查。研究結果指出，不管你有多少錢可花，崇尚物欲都只會讓你變得更孤獨；孤獨感又會讓你變得更崇尚物欲。在一九七〇年代，有百分之十一的美國人認為自己很孤獨。到了八〇年代，自認孤獨的人增加到百分之二十。到了二〇一〇年，孤獨的比率更增加至百分之四十到四十五。

追求物欲為何會讓我們變得更孤單？廣告和社群媒體一直在營造一個迷思，讓人們誤以為只要你在物質上更富足，別人就會更喜歡和尊重你。人人都想與眾不同，都希望獲得別人的讚賞，因此我們才會在意自己的外貌和成就，購買高檔商品，希望藉此贏得他人羨慕的眼光。但就算我們能藉此得到讚嘆或交到朋友，這些收穫也都很虛幻，因為那是靠我們的身外之物所獲得的，認清這個事實後，會發現自己其實並沒有知心好友，而且也得不到滿足。我們努力地向他人展現自己擁有的物品、地位和成就，想藉此得到關愛，卻沒有想到，我們關注的一直都只是自己，而不是和他們的關係。人際關係是快樂的根源，但過度關注自己的人，是不可能發展出良好人際關係的。

「精挑細選」為何很重要？

我不想花太多時間討論環保問題，因為我想大家都知道，盲目消費正在把地球逼上絕路。我們必須拯救地球，不能一錯再錯。我們都生活在地球上，地球毀滅之後，我們就沒有別處可去了。

令人遺憾的是，追求物欲和自我崇拜的風氣已瀰漫在當今的世界。有項研究從一九六六年開始追蹤研究生的價值觀，並在二〇一一年發表研究結果。這項研究指出，人們已愈來愈重視地位、金錢和名聲之類，以自我為中心的人生目標，但對尋找人生的意義或目的卻愈來愈不感興趣，也愈來愈不樂於幫助他人。此外，另一份針對近三十年來學生的研究也指出，和二十、三十年前的學生相比，目前學生的同理心已下降了約百分之四十。

我們已經變得愈來愈重視小我而忽視大我。諷刺的是，最容易傷害自己的人，就是以自我為中心的人。這也難怪美國的抗憂鬱藥物使用量，在最近十年已爆增了四倍。

人類和地球都處於一個緊要關頭。我們就要陷入萬劫不復的險境，但目前還來得及在所剩不多的時間中扭轉局面。

我們擁有的東西，是否讓我們忽略了更重要的事物？

二〇一〇年，有五位太平洋的島民搭機到英國參加一個電視節目。他們一生都待在島上，幾乎沒有任何私人財產，直到抵達英國後才首度見識到現代生活。他們在下榻的大宅附近閒逛，了解倫敦的風土民情，驚訝地發現那裡竟充斥著各種「沒用又多餘的東西」。行色匆匆的通勤者並沒有停下來和他們打招呼，讓他們大失所望。他們覺得最不可思議的是，倫敦居然有無家可歸的人，這在他們的社會是「絕對不可能的事」。

這些族人過著一無所有的生活，但正因為如此，他們並未忘掉生命中最重要的事物——愛、尊重與和諧共處。他們剛到倫敦時，每個人在下榻的大宅內都有自己的房間。後來他們住進一處比較寒酸的住所，五個人就擠在一間小臥室裡，但他們卻說這樣更快樂，因為大家「能在一起聊天」。

所謂「高級野蠻人」的生活，其實未必像我們想像的那麼美好。那種生活有很多缺點，像是沒有健保制度，沒有兩性平等，也沒有冰淇淋。但那種生活仍有其可取之處，可能讓我們了解到降低物欲後，社會的價值會發生怎樣的變化。

二〇一六年，我和當時的未婚夫霍華德（Howard）受邀參加一個電視節目；節目要探討的就是這個問題。六位參加者必須一無所有地參加節目。他們都被剝得精光，成了名副其實的一絲不掛。他們的物品被鎖在附近的一個小倉庫裡，每天他們都能從自己的物品中，挑出一樣在生活中最需要的東西。霍華德並不喜歡赤身露體，因此我們並沒有參加《一無所有的生活》（*Life Stripped Bare*）。

志願者之一的海蒂（Heidi），是個染著一頭粉紅色頭髮，擁有三十一套比基尼的時裝設計師。海蒂是個勇敢的女人，但她看到搬運貨車來到時，就哭了起來。她說：「我的形象全是靠身外之物打造出來的。我希望別人喜歡我，覺得我既親切又有魅力。如果沒穿上風衣外套或戴上耳環，別人就不會喜歡我。」第二天，她回憶著在地板上輾轉難眠的一晚：「我昨晚哭了，因為我想要回我所有的東西。到了今天，我只想拿回我的床墊。」事實上，她得到的不只是床墊。她在路上遇到兩位路過的女孩，她們停下幫忙搬床墊，並在這種尷尬的場合中和她變成好朋友。海蒂感動得快哭了，她對著攝影機說：「我交了朋友之後，覺得自己什麼都不缺了。在你一無所有時，朋友就是一切。」

我覺得海蒂的結論有誤，正確的說法是：「當你有朋友時，就不需要太多身外之物了。」《一無所有的生活》的參加者都發現一件事，那就是他們滿足了基本的舒適需求後，就愈來愈不想再到小倉庫拿其他東西。我們都可以過著簡約而快樂的生活，但在物欲崇拜的影響下，一般的家庭裝了約三十萬件物品。

我們該如何扭轉這種趨勢？先做些戒掉物欲崇拜的作業吧。

讓自己相信非物欲行為的重要性

看完這章後，你也許會覺得自己了解得夠深入了，不必再告訴自己生命不該只是追求物質上的滿足。但還是請你寫封電子郵件給自己。你或許會覺得這樣做很矯柔做作，但臨床心理學家娜塔莎・利基斯（Natasha Lekes）教授已經證明，這樣做確實可以讓你感到更幸福。讓我來幫你起個頭吧：

親愛的自己，我知道你會覺得很奇怪，但我仍要告訴你下列這些事的重要性。你一定要維持良好的人際關係，盡力讓世界變得更好，而且不要失去自己人性的一面。

請訂閱「終身受用」網站的免費每日格言。這些小格言能進入你的潛意識，讓你不自覺地做出正確的決定，也會讓你比較不會受到物欲崇拜訊息的影響。你可以先從以下三條格言開始做起。

・我已經很不錯了。

‧我已經過得很快樂，別無所求。
‧我對目前擁有的一切充滿感謝。

戰勝物欲崇拜的每日小祕訣

‧每天起床時請提醒自己，生命是美好的。另外也微笑對自己說：「謝謝你和我一起度過今天。」
‧每天都要抽空練習自我成長，並了解自己的價值（你可以在本書中找到一些建議）。
‧找出和你志同道合的人，藉著這個族群找到歸屬感。
‧盡量避免接觸物欲崇拜的訊息（我稍後會提供更多介紹）。
‧練習冥想和靜觀，你會發現在物質享受之外，還有更多值得追求的事物。
‧接近大自然可以降低物欲，所以要盡量把握和大自然接觸的機會，就算只是到後院或公園走走都好。觀賞自然紀錄片也是擺脫物質誘惑的好方法。

第二章 計畫性報廢——為何產品愈來愈不耐用？

「報廢」是個可怕的字眼，它指的是「某個東西已經不堪使用」。所謂的「計畫性報廢」，指的就是有人故意讓產品變得不堪使用。為何有人要這樣做呢？

計畫性報廢的發生，主要可分為兩種方式。一種是物理性報廢，也就是生產商「故意」製造出容易壞掉的產品。另一種是心理性報廢，讓消費者「相信」他已有的產品是不堪使用的。這兩種方式在上個世紀大行其道。在各廠商的共謀下，人們的消費習慣就此改變。

美國是計畫性報廢的發源地，也是它開始蓬勃發展的地方。在一九三〇年代，歐洲人仍想方設法地製造更持久耐用的物品，但美國的產品設計者卻替報廢所造成的浪費找藉口。他們的說法是：歐洲人已經把當地的自然資源消耗殆盡了，但美國仍有滿山遍野的森林可以砍伐，有大量地底原油等待開採。

有些人很擔心過度浪費和環境破壞的後果，但他們看到便宜的新地毯上市時，很快就把擔憂拋在腦後。這時美國正面臨生產過剩的問題。在大蕭條時，美國已經是個能快速生產大量物品的國家，只是這些物品在美國銷售得並不順利。

一九三二年，俄裔美籍的伯納·倫敦（Bernard London）提出一項野心勃勃的計畫，稱為「以計畫性報廢終止大蕭條」。倫敦注意到人們在經濟蕭條時，會盡可能將就於還堪用的物品，較少花錢購物。因此他建議為所有物品訂下使用期限，無論是鞋子、汽車、房子或帽子。物品的使用期限一到就會被宣告「死亡」，人們也必須把「死亡」的物品交給政府銷毀，否則就會被罰款。過期物品被銷毀後，人們只好再去買新的。

這個計畫一直沒有實行。也許是因為政府也清楚，如果強迫人民交出財產銷毀，大家一定會用選票還以顏色。

雖然這項計畫並未付諸實行，有項行動卻在暗中展開。為了改變商品和消費習慣，商人、政客、製造商和廣告業者串通一氣，希望將人民變成消費者。其實他們一直在暗中勾結。

燈泡陰謀

在被證明確有其事的計畫性報廢事件中，最有名的就是「燈泡陰謀」，這也是一個驚人紀錄片的片名。這個事件之所以有名，是因為它是少數有白紙黑字的證據，證明這種勾當確實發生過的事件。

燈泡的品質在一九二四年前，已經在不斷改善中，有些燈泡甚至能持續照明長達兩千五百小時。後來幾家世上規模最大的電器公司代表，其中包括歐司朗（Osram）、飛利浦（Phillips）和通用電氣（General Electric），於聖誕節前夕在日內瓦集會，密謀一個違反聖誕節精神的計畫。

他們在一間狹窄的祕室開會，決定組成一個祕密團體——「太陽神壟斷聯盟」（Phoebus Cartel），並一致同意將燈泡定期送到瑞士測試，以確認燈泡會在一千小時內損壞。他們甚至達成一項約定：燈泡的使用壽命如果超過一千小時，就要依照超過的時數罰款。

燈泡壽命一直在穩定下降，直到它到達壟斷聯盟設訂的目標。這時燈泡的平均壽命已變成一千零二十五小時左右。

這些廠商是如何說服消費者，讓他們購買壽命較短的燈泡？廠商對消費者的說詞是，改款的燈泡變得更省電、亮度也增加了。雖然新款燈泡的壽命還不到舊款燈泡的一半，價錢卻變得更貴。

這些公司靠著他們的策略賺了不少錢。有家公司說他們把燈泡設計成更易損壞後，銷售量增加了五倍。

該聯盟在第二次大戰時解散了，因為在當時的局勢下，德國、英國和美國商人並沒有合作的餘地。但他們造成的傷害已經無法彌補。燈泡的使用壽命並沒有因聯盟解散而恢復。

我最近訪談過一些目前在燈泡產業工作的人，和他們談起一九二四年的太陽神壟斷聯盟時，他們說目前的情況並沒太大改善。

有位工程師告訴我，他最近看到最下流的手段之一，是廠商聲稱某種燈泡的使用壽命為七年，卻故意把它設計成只有兩到三年的壽命，因為顧客在使用燈泡兩、三年後，通常就不會再投訴或退貨。

這家公司是全球燈泡大廠之一。他說：「燈泡工業充斥著不實資訊。我曾自行對燈泡做過測試。有些燈泡的熱度很高，雖然包裝上說它們有極長的使用壽命，但內部元件早在距使用年限還有一大段時間之前，就因為高熱損壞了。」

「廠商一直在說謊。他們會用各種手段欺騙我們。舉例來說，他們會說標示的使用壽命並沒有錯，但那是在每天使用兩到三小時的情況下才成立的。」誰家的燈泡會每天只用兩到三小時？

燈泡以外的商品

到了一九五〇年代，計畫性報廢不只在美國大行其道，還在全世界發揚光大。現在各地都能看到它造成的影響。例如歐洲住家附近的廢棄家具，和亞洲堆積如山的電子廢棄物。

在一九七〇、八〇和九〇年代，愈來愈多人開始要求提高產品耐用度，以避免環保危機。但政府和企業卻把精力集中在「資源回收」。

資源回收是一件好事，也能減少我們在丟棄東西時的罪惡感。但實際的情況是，能一直使用某件物品的環保效益，遠大過回收它的環保效益。回收仍要耗費能源，也要經過蒐集和再處理，而且通常要靠再製造生產出新物品，以取代被拋棄的物品。這對廠商而言是頗有利可圖的事，但消費者和地球卻要付出沉重的代價。

因此一切才會演變成目前的局面。數十年來，人們一再要求製造更耐用的產品，但這種要求一直遭到忽視；而計畫性報廢卻大行其道。

在廣告界的盲目引導下，我們就像一艘郵輪上的乘客，朝著由垃圾堆成的冰山撞去。不過我們還有扭轉局勢的機會。

我將繼續介紹主要的幾種物理性報廢，以及該如何對抗這種損壞。

降低品質

我們都接觸過品質劣化（quality stripping）的產品。有幾位工程師曾跟我說，他們也不是故意製造容易損壞的產品。但他們每年都可能接到要求，要他們降低產品成本。因此產品的用料愈來愈少，愈來愈便宜，品質也愈來愈差。

世上所有的產品都經過品質劣化，而且仍不斷在劣化中。廠商甚至也不否認此事，只是他們會找些漂亮的藉口。

有確鑿的證據可以證明，各種用品損壞得愈來愈快。因損壞而必須更換的物品數量，從二〇〇四年到現在已經增加了一倍。最讓人驚訝的是，在一九八〇年，熱水器還有二十三年的超長壽命；到了二〇〇四年，它們的預期壽命只剩下十二年。

雖然大多數工程師都希望盡可能製造最高品質的產品，生意人卻有不同的盤算。在他們眼中，製造公司只是為賺錢而存在的事業，不管它生產的是吹風機或漢堡。在紀錄片《燈泡陰謀》（*The Light Bulb Conspiracy*）中，有一個片段讓我看了不寒而慄：

在設計課上，有位老師拿出各種產品，問學生每項產品應該有多長的使用壽命。老師說：「你們必須知道一件事，以後你們必須為產品設計出一定的使用壽命，而且要符合公司對產品的要求。」這真是讓人失望，老師教導下一代設計者的，並不是如何盡其所能製造最好的產品，而是製造符合公司要求的使用壽命，增加公司銷售額的產品。

索爾．強生（Thor Johnsen）曾在採購業和銷售業服務很多年，也經營過很多公司。他說：「各大公司變得愈來愈貪婪，愈來愈渴望在短期內大賺一筆。急功近利會衍生出很大的問題。

目前各大公司幾乎把錢都用在品牌建立和行銷，產品設計的經費卻少得可憐，對產品的要求也是愈便宜愈好。這就是目前產品的主流。」

我問：「這些公司為何不會自食惡果？」

索爾回答：「問題就出在消費者，他們在受訪時會說他們最重視品質。但根據我們的觀察，他們的購物依據並不是品質，而是方便性或價格。」

我問他：「你會不會覺得，這是因為人們走進商店，看著琳瑯滿目的商品時，也無法確定哪一種最耐用。因此最後只能選擇最便宜的，或和廚房最搭配的？」

他說：「這也不無可能。過去我們能從品牌判斷商品的品質。但現在品牌已經不是品質的指標了。」

一路探討下來，都只發現令人沮喪的事實。接下來還有其他壞消息。現在有很多商品都是在海外製造，工廠在生產最初幾批產品後，就忍不住偷偷降低品質。工廠以最初幾批貨真價實的產品贏得市場，接著就開始偷工減料。也許他們不只是偷工減料，而是生產粗製濫造、很快就會報廢的商品。

這種做法既讓人不快，又會造成浪費，有時還非常危險。以廉價橡膠製成的輪胎，可能會在高速行駛時爆胎；玩具上的顏料也可能被更換成較便宜的含鉛有毒顏料。我們的身家性命通常只能任由沒有良心的商人擺布。他們開心地賺走我們的錢，給我們的卻是毒物和廢料。令人遺憾的是，這些工廠幾乎總是能逍遙法外。

如果你讀到這裡覺得很沮喪，就像上廁所時發現沒有衛生紙那樣，我也只能說抱歉。這種情況是很讓人沮喪，但大家在沮喪之餘，仍必須認清自己的對手是誰，這樣才能研究出對抗的方法。下一節談的就是對抗計畫性報廢的方法。

製造無法修復的產品——似壞實好

在二〇一六年一個炎熱難耐的八月天，我邀請朋友湯姆．勞頓（Tom Lawton）一起去調查烤麵包機。湯姆是個奇人，既是工程師，也是發明家和電視主持人。因此我要他查看六種品牌烤麵包機的結構，和可能影響使用壽命的因素。湯姆說：「關鍵就在於最脆弱的一環。一個產品的好壞，取決於它的致命弱點。」

我們檢查烤麵包機的目的，是要了解工程師所做的一些取捨，例如使用的材料、組裝方式，和影響耐用度的地方。我們首先發現，這些烤麵包機很難拆開，有些機器上甚至裝了內六角防拆螺絲。我們費盡力氣，總算拆開一臺烤麵包機，湯姆的手還被機器內部尖銳的金屬邊緣割破了。這些烤麵包機顯然是為了減少組裝成本，讓人無法拆開修理而設計的。

有些製造商之所以設計出難拆的產品，為的就是保護自己。如果消費者在修理產品時發生意外，可能會重創品牌的形象。這些產品是被設計成無法修理的，連湯姆這種訓練有素的工程師，都對它們束手無策。人們一再買到這種產品後，久而久之就會相信自己沒有能力修理損壞的物品。因此在商品最弱的環節損壞時，就會認定商品已經「回天乏術」，必須被葬送在垃圾山、海上垃圾堆或貧民窟。

計畫性報廢最有名的例子，也許就是智慧型手機了。手機最脆弱的環節是電池。製造商很了解這一點，但某些知名品牌卻把手機設計成無法更換電池，或者把更換電池的費用變得高不可攀。

電池一旦無法使用，手機也就跟著報廢。這種做法曾引起幾波強烈抵制，但大多數消費者都默默接受這種情況。或許是因為這讓大家有藉口更換最新款的手機吧。

製造商把手機電池設計成不可更換後，手機的壽命也變得和電池一樣短。這就像車胎磨損時，製造商告訴你不如去買輛新車一樣離譜。但這就是很多科技公司目前的做法。

手機並不是最近唯一飽受爭議的產品。根據二〇一五年一項針對洗衣機的調查，洗衣機的設計已經悄悄改變，而且愈變愈糟。

現在的製造商把洗衣機內的滾筒焊死了。也就是說，如果軸承壞了，整個滾筒都要換新，但更換滾筒的價格幾乎和一台新洗衣機一樣貴。而軸承故障又是洗衣機無法運轉的前五大原因之一。如果洗衣機已經過了保固期，維修或服務人員通常會告訴我們，與其花錢修理，還不如買一台新的。

有人質問製造商為何要把滾筒焊死，製造商就說是為了讓洗衣機更堅固。但最值得信賴的家電公司美諾（Miele）並沒有把滾筒焊死，因此我認為這個藉口頗啟人疑竇，就像我在貓的床上發現一根羽毛一樣值得懷疑。

這種設計一定暗藏什麼不可告人的祕密。你或許會以為有一群身穿白袍的神祕人，在果汁機裡裝上傳說中的「自毀晶片」，讓它一到保固期就自動故障。

但計畫性報廢並不是這麼簡單的事。它的手法更高明，也更陰險。但我仍相信只要遵循以下的方法，就能扼止這股歪風，大幅改善商品的品質。我們就從這裡開始反擊。

我們該怎麼做？

人們很少會考慮到，物品損壞造成的精神和金錢損失。但每當有重要的物品故障時，原本就很沉重的生活將會變得更沉重。低收入家庭甚至可能因此深陷貧窮循環，必須一再購買那些粗製濫造的電器用品。

或許有人會說，商人本來就是以追求利益為目的。但我覺得為了利益而傷害群眾和地球，是一種危險、短視、自私又可恥的做法。還好身為消費者的我們也有反制的能力，但我們必須先知道如何使用這種能力。

當你碰上計畫性報廢的商品時

一、不要忍氣吞聲，把你的要求提高。

一項對商品耐用性的調查指出，小家電的壽命如果不到三年，就會讓人們無法忍受。如果它的壽命超過七點七年，人們就會很滿意。我覺得應該要提高標準。就快煮壺或烤麵包機這類單一功能的小家電而言，它們理所當然就該有幾十年的壽命。我們會對能用上七、八年的小家電感到滿意，是因為我們太常遇到短命的小家電，已經習以為常了。

二、搜尋要求修改法律的請願行動。

法國已經制定一條防止計畫性報廢的法律，不論是哪家公司的負責人，只要被發現採用「故意報廢」策略，就要入獄服刑兩年，並受到公司總收入百分之五的罰款。我認為世界各地都該採用這條法律，我也會努力實現這個理想。

物品損壞時該怎麼辦？

一、請通知「終身受用」網站。我們成立這個網站的目的，就是建立全球最大的產品耐用度資料庫。

二、向生產公司表達你的不滿，接著寫一則線上評論，讓其他人知道你使用的產品有多長的壽命。

三、請你家附近仍有維修技術的維修員幫忙。我們需要更多這種人材。

四、試著自行修理（參見附錄一：維護和修理）。

購買東西的注意事項

一、找出那些在單獨評測中，使用壽命較長，而且保固條件最好的商品。

二、問問你家附近的維修人員最推薦哪種機型。

三、盡量買本地出產的商品，避免購買標準較寬鬆的海外工廠製品。

四、購買「終身受用」網站認證的產品，以實際行動表達你對耐用度的重視，這樣就能促使更多公司提高對品質的要求。

五、向生產公司詢問，他們零件備料的庫存年限，和最常修理的部分為何，並考慮是否該買這些零件備用。

該如何對付不重視品質的生產商？

一、想獲得高品質的產品，就必須讓生產公司知道你很在意產品的耐用性。你必須去詢問產品是否耐用，並在產品的社群媒體討論此事。一定要窮追猛打！這才是讓廠商改進的最好辦法。

二、聯署「終身受用」的宣誓，讓各公司知道你願意支持他們生產耐用的產品。這樣就能鼓勵各公司改變營運方針。

三、時常查看單獨評測，了解生產品質是否有下降。你可以上網在「消費者評測」（CNET）、「消費者報告」（Consumer Reports）、「紅迪」（Reddit）的「買一次用一生」（Buyitforlife）討論、「終身受用」和「亞馬遜」查看這些評測。在最新評測中查看是否有品質下降的證據。值得慶幸的是，人們在買到和自己標準有落差的商品時，常會到處抱怨。

四、支持有意改善產品品質的創新公司。如果你發現市場上缺少某一類耐用產品，請通知「終身受用」，我們將公布這個範疇，邀請各公司來接受挑戰。

五、支持直接生產產品的製造商和工匠。Kickstarter之類的群眾募資平臺也很有幫助，因為它們能讓製造商直接接觸到消費者，不必經過經銷商的中介。這意味著，如果有工程師計畫製造更耐用的產品，他就能直接把產品提供給一般大眾。只要他的構想得到人們的青睞，他就能為這個購想募集資金。

廠商製造無法修理的產品時，我們該怎麼辦？

一、購買能維修的類似產品，以行動支持它們。舉例來說，公平貿易手機（Fairpnone）就能輕鬆拆裝，升級也很容易。

二、如果你有個需要修理的產品，請到附近的「重生計畫」（Restart Project）、「修理咖啡館」（Repair Cafe），或在「創業聚會」（Meetup）、「臉書」（Facebook）等網站成立自己的群組。如果你沒有修理產品的經驗，請先徵詢專家的意見。有些產品是一般消費者都能修理的，但電畢竟是很危險的東西，因此一定要做足功課，而且要盡量使用製造商認可的零件。

「終身受用」的「恆久耐用」（Make it last）運動

「終身受用」網站正在進行一項活動，要求各公司告訴我們，他們對產品預期的使用壽命有多長，並要求他們生產最高品質的產品。

和動物一樣，商品也會不斷演化出具有優勢的特徵。長頸鹿會演化出長脖子，是因為「長脖子」能讓長頸鹿更具競爭優勢。平底鍋的長手柄也是如此。長柄平底鍋能讓使用者不被燒傷，因此比其他平底鍋更具實用性。這些具有實用性優勢的特徵就該代代相傳，直到演化出最佳的設計。

但實用性的考量逐漸被「省錢」和「潮流」取代了。製造商正全力製造最便宜的平底鍋，而不是最好的平底鍋。所以目前的平底鍋只能用幾個月就報廢了。如果長頸鹿的演化也是如此，後果會如何呢？

以下是長頸鹿製造有限公司董事會的場景：

產品研發主任說：「根據我們的研究，如果把長頸鹿脖子的長度減半，每隻長頸鹿的製造成本就可減少百分之十五。」

董事會成員都互相微笑，表示贊同。

工程主任慌慌張張地插嘴說：「如此一來，長頸鹿在乾旱時就吃不到樹梢的葉子了。」

「那又如何？」董事長問道。

工程主任略帶怯意地說：「牠在雨季來臨前要餓上一整年。」

「但沒餓死的長頸鹿還是長頸鹿，不是嗎？我們仍可以在廣告上說我們賣的是長頸鹿吧。」行銷主任面帶嘲諷地轉過頭去，眼中露出讓工程主任不敢直視的目光。

董事長提醒大家：「如果長頸鹿死得早一點，人們就必須更早添購新的長頸鹿。」

設計師也說：「我們可以生產條紋長頸鹿，明年會有一波條紋熱潮。」

消費者被問到他們購物的首要考量時，價格和風格總是名列前矛。耐用度甚至不在考量範圍內。這部分是因為製造商不希望消費者把耐用度列入考量。如果消費者在意耐用度，商品的包裝就會明顯標示出商品的正常使用壽命——這正是我們在「終身受用」大力推廣的做法。如果你在購買家電時，就清楚地知道它的使用壽命，便能看出哪一項商品的長期效益最高。請加入我們，一起推廣使用壽命的標示，並到 change.org 聯署「恆久耐用」請願書，或到「終身受用」網站和我們聯絡。

只要你能多加注意，就能終結物理性報廢。但還有一種更讓人防不勝防的報廢方式。一群學者在翻找一般人的垃圾後發現，在被丟棄的家電用品中，有高達百分之四十仍能正常使用！因此我們會有那麼多廢棄物，也不能全怪產品被設計得太粗劣或無法修復。這些物品並不是物理性的報廢，而是心理性的報廢。而這種報廢是一種非常卑劣的手法。

心理性報廢是公司使用的一個手法，讓我們想更換現有的產品，哪怕產品的功能仍完全正常。近幾十年來，我們在各大公司的操控下，已愈來愈習慣把產品當成暫時性或一次性的用品。

各公司讓人們瘋狂追逐新產品，使我們一看到新產品上市就興奮莫名。但那只是一種淺薄又短暫的興奮，我們買到夢寐以求的產品後，對它的喜愛就會與日俱減。我在本章剩下的篇幅中，將探討造成這種購物衝動的因素，和我們應該如何對抗它們。

始作俑者

「計畫性報廢之父」到底是誰呢？有幾個人曾被冠上這個頭銜，但誰才是實至名歸，至今仍莫衷一是。

金．吉列（King Gillette）是拋棄式刀片的發明者。通用汽車（General Motors）的總裁艾爾弗雷德．斯隆（Alfred P. Sloan Jr），率先提出每年將汽車外型略為更新的概念。

通用汽車的設計師哈利．厄爾（Harley J. Earl），曾在一九五五年說過一段名言：「我們的使命就是加速報廢。一九三四年，汽車的平均被持有時間為五年；現在則是兩年。等到持有時間變成一年時，我們就大功告成了。」這些人都稱得上是計畫性報廢之父。但計畫性報廢還有一位母親，這位母親的來歷還頗有趣。

克莉斯汀．弗雷德里克（Christine Frederick）出生於一八八三年。她出生時，爸爸毫不掩飾地喊著：「天啊，為何是個女孩。」雖然她一出生就被嫌棄，後來卻成長為一位活潑又聰明的女孩。

從她泛黃的照片中，都還能看出她那不可一世的氣概。在取得大學學位後，她藉著大量發表的文章和言論，累積出對公眾的影響力。當時擁有大學學歷的女人並不多，有公眾影響力的女人更是鳳毛麟角。令人遺憾的是，她雖然是當時極少數能和男人平起平坐的女人之一，但卻利用這種自由，宣揚反自由的理念：「女人就該乖乖待在家裡，做個稱職的消費者。」她在一九二八年出版《對女性消費者的行銷法》（*Selling Mrs. Consumer*），其實把書名改成《出賣女性消費者的行銷法》（*Selling Out Mrs. Consumer*）或許還比較恰當。這本書的某些部分專門教導廠商如何操弄婦女，利用她們的不安全感、虛榮心、與生俱來的母愛與對性的渴望，誘使她們增加消費。

弗雷德里克最主要的理念，就是民眾應該接受「進步性報廢」——人們應該擁抱一種不同的心態，一種來者不拒的開放心態，應該熱切地追求各種形式的新事物，例如新發明、新設計、新風格或新的生活方式。

不必等到東西變得不堪用才丟棄。想丟就丟，這樣才能買更新、更好的東西。用大部分的收入取得新物品、設備或新的生活方式，就算要縮衣節食也在所不惜。

簡單地說，弗雷德里克是在鼓勵讀者成為容易被影響的人。她希望大家都能過著揮霍無度的生活，丟棄功能仍很正常的用品。她稱這些廢棄物為「創造性垃圾」。她認為資源是用之不盡的，因此她宣稱：「大家可以各出奇招，創造出各種垃圾。」她還嘲笑那些專挑耐用的鞋子、衣服和汽車的人：「這真的太可笑了。既然設計師、紡織廠和發明家已經創造出超高效率的機器，讓我們每隔幾週就能買到不同款式的領帶或洋裝，而且穿新衣也是很快樂的事，那又何必當個食古不化的老頑固，把舊領帶和舊洋裝穿到破破爛爛才丟棄呢？」

我想弗雷德里克如果地下有知，應該會把我這種愛物惜物的人視為「食古不化的老頑固」。我倒想把這句話印在運動衫上販售，而且是終身保固的運動衫。

消費者瓊斯夫婦

在二十一世紀之前，人們很少會在物品壞掉前換新。因此廠商必須想出一套很好的說詞，讓我們願意去頻繁地更換物品。瓊斯夫婦是弗雷德里克著作中的理想消費者，他們的做法是：一有新產品上市就去購買，每年更新家用品兩次，以取得更高科技和更有效率的用品。這就是「科技階段」的消費。當科技提升已經趨於平緩，瓊斯夫婦就會因產品的外觀跟不上時代而更換更新型的產品。這就是「美學階段」的消費。

科技創新

弗雷德里克認為，科技如果要進步，必須先有部分人願意嘗試新科技。她說的確實有幾分道理。

有時，新產品真的太棒、太好用了，因此沒有人會再去用老一代的產品。iPod一推出，CD就乏人問津；CD推出後，卡式錄音帶很快就被打入冷宮；卡式錄音帶的問世，也導致黑膠唱片的沒落，只有死忠爵士迷仍死守著黑膠唱片。

這就像一場科技的適者生存競賽。但在這場競賽中，也有不少「創新」只是為改變而改變。很多號稱創新的產品都變得過度複雜，還遠不如陽春版的產品來得好用。

我的一位工程師朋友說得好：「烤麵包機只要能把麵包烤到兩面略微焦黃就夠了，多了計算退稅的功能反而是畫蛇添足。」但廠商常會為產品增加額外功能，這樣才能凸顯新舊產品的不同，也能做為提高售價的藉口。

我認為這些「創新」通常是沒有必要的。

為了證明我的看法，我進行了一場想像實驗。弗雷德里克的著作是在一九三〇年代出版的，如果所有的消費性產品從那時開始就不再創新，我的生活會有何改變？生活會變得更難過，或有很大的差異嗎？其實一點也不會。就算我全部家當都是當時的產品，它們多半還是和現在的產品一樣好用，甚至更耐用。

在現在的產品中，我會懷念的只有某些廚具、快煮壺、吸塵器、筆記型電腦、電話、電動牙刷和汽車；大約也不過只有十二項產品。在一九三〇年代之後出現的眾多新產品中，它們只是極小的一部分。這些新產品之中，到底有多少是比舊產品還好的呢？

有時我們會打著「更高效能」的幌子，推銷創新的產品。高效能確實是我們應該追求的目標，但目前家電的節能效率幾乎都已到達頂點，沒什麼改善的空間。因此除非你使用的機型很老舊，或者會製造大量污染，才有汰換的必要。否則你就該繼續使用現有的家用品，這樣反而比較環保和省錢。

購買新家電確實能減少碳排放和省錢，但省下的錢絕比不上換新的花費多，減少的碳排放也不可能高於製造過程產生的碳排放。如果真的是以節能為考量而汰換家用品，那你就該等到科技真的有大幅躍進時再汰換，例如等到太陽能普及時。但這種科技大躍進畢竟是可遇不可求的事。

我們該探討的是，為何我們會執著於汰舊換新，和汰舊換新背後的意義。科技公司藉著心理性報廢操弄我們，讓我們購買更新的產品，不管它們是否真的更好用。

蘋果公司（Apple）其實沒必要每年都推出新手機，但多數人都把新手機的問世視為理所當然。你必須開始質疑他們的做法。這是很重要的事，因為這些產品的使用壽命愈來愈短，而電子垃圾正在逐年快速增加。我們的家庭廢棄物中約有百分之八是電子產品。二〇一四年的電子廢棄物就高達四千兩百萬噸，其中很多功能運作仍很正常。

據估計，如果美國人把舊的電子產品賣掉，而不是丟進垃圾桶，這樣就能賺進約十億美元。我們就漫不在乎地把價值十億美元的物品丟進垃圾堆。讓人痛心的是，很多電子產品在地下腐爛後都會產生毒性，而且其中也包含大量珍貴的稀有物質。這些物質從此就消失了，被城鎮製造的廚餘和髒尿布掩埋了。

在實境節目《消費指南》（*What to Buy and Why*）的某一集中，我的工程師朋友湯姆·勞頓來到一個垃圾場，在那裡找出一副耳機、一個吸塵器和一輛小型摩托車。他只花了幾分鐘就找出故障原因並修好它們。這些東西有幾百美元的價值。如果找到大批像湯姆一樣的工程師，再把他們分派到世界各地修理電子產品，那一切該變得多美好。我告訴湯姆，如果每個城鎮都有一位維修員該有多好。他笑答：「過去是有維修師傅的。」

維修師傅愈來愈少，但他們並未消失。只要我們能以維修取代汰換，維修師傅就會愈來愈多。我們也可以提出請願書向政府陳情，要求政府支持維修和再利用。政府會建立資源回收中心，是因為他們知道那是有利可圖的事。

既然如此，政府也該了解成立回收中心的必要。我們都是經過一段時間才接受資源回收的觀念。只要假以時日，大家一定也能習慣維修和再利用。但如果政府和再生公司能多花心思，讓維修和再生變得更省事，並且提高維修和再利用的效益，這樣大家自然就不會隨意拋棄故障的用品，而是把它們送到維修站。

瑞典已經這樣做了，他們將修理費用的稅率降低，以鼓勵人們維修物品。

更重要的是，我們現在都了解到資源會有用盡的一天，而不是像弗雷德里克所說的，能「無限補充」。既然如此，我覺得各大廠商，尤其是電子和家電公司，就必須著手變更設計，不要再以廉價和能快速組裝為目的，而是要設計出可以用簡便又省錢的方式，拆裝、維修和升級的產品。

這就是沒有浪費的經濟理想，要達成這個理想的最佳方式，就是購買符合循環經濟要求的產品。

美學階段

心理性報廢的拿手絕活，就是改變你的審美標準，讓你丟棄功能完全正常的產品。製造商開始年年調整產品的外型，把實用性產品變成時尚產品。這些產品又會在幾年內退流行。

這股風潮是從汽車的款式開始，後來很快地就影響到室內設計和一般用品。新的款式一推出，原本讓人引以為傲的舊款產品馬上就黯然失色。汽車就是最明顯的例子，因為它們停在街道上，鄰居一眼就能看到。很快地，人們就把美國汽車當成「提高身分地位的電動魔毯」。製造商會說他們是應大眾的要求，才會不斷改變款式。其實大眾是受到製造商的操控，才會對新款式趨之若鶩。通用汽車的研發部主任查爾斯・凱特林（Charles Kettering）曾說，他的任務就是讓人們嫌棄他們已有的東西。這句名言證實了製造商的陰謀。

有趣的是，有家汽車公司卻反其道而行。從一九四九年到一九六三年出廠的福斯金龜車，都長得一模一樣。

福斯公司的一部廣告就是以此為訴求。在這支名為〈福斯的演化論〉的廣告中，出現了一排排那些年出產的一模一樣的汽車，並得意地說，金龜車從沒有為改變而改變。

福斯汽車證明了，一家公司不必隨波逐流也能成功，只要他們願意這樣做。遺憾的是，大多數公司都不是這樣。

弗雷德里克也許會說自己從未宣揚過為改變而改變，但以美學為訴求的心理性報廢開始風行後，為改變而改變也成了大勢所趨。

《設計的心理學》（*The Design of Everyday Things*）的作者唐納德．諾曼（Donald Norman）說，美學階段有個很不好的副作用。設計師每年都忙著推出款式不同的產品，因此沒有時間把產品設計得盡善盡美。

他們必須從頭開始設計每項產品，這樣產品進入市場時，才會呈現出讓人耳目一新的風貌。只要我們能察覺心理性報廢，並大肆宣揚，就能讓設計師脫離這種困境。汽車從使用汽油引擎演變為使用電動引擎，這是真正的進步。但如果只是把散熱器格柵加寬，或讓它有七〇年代的風格，那就只是為改變而改變。我們必須能分辨這兩者的差異，只在絕對必要時才換購新款產品。如果有個新款枕頭或咖啡機比舊款好上百分之五，這樣還不夠；如果它好上百分之五十到百分之百，我也許會考慮購買；如果它能解決我現有的問題，我也許會有些興趣。

就算新產品更環保，但就大多數產品而言，如果我們把舊產品一直用到不堪使用，對環境造成的影響都比換新還來得小。如果是高污染的汽車，那當然就另當別論了。

找出你的「個人品味」以對抗美學廢棄物

如果有位設計師設計出新的配色或外型，媒體或你的朋友也說這種設計「很有品味」，那你是不是就該汰換掉現有的物品呢？我認為不應該，因為品味是很主觀的事，並沒有高下之別。

這就像是有人喜歡巧克力冰淇淋，有人喜歡草莓冰淇淋，這只是喜好問題，沒有好壞之分。當然，**我們的喜好會不斷改變。正因為如此，我們在挑選用品時，必須深入了解自己真正的品味。**

寫到這裡時，我正巧看到一本室內裝潢雜誌，雜誌說去年的鋸齒狀圖樣和髮絲紋路已經不流行了，應該換購蝴蝶椅和折疊家具，讓家裡有不同的風貌和氣氛。但雜誌上說的新時尚其實也只是一種主觀認定，而且這些時尚未必符合我的審美觀。你挑選的家庭用品，不但會對情緒和活力造成重大影響，也關係到你整理家中的時間。

令人遺憾的是，一般人在購買家庭用品時，通常會受到心理性報廢和一時衝動的擺布。如果你不想被擺布，就必須去了解自己真正的品味。也許你已經知道自己的品味是什麼。但如果你還不清楚，就可以試試下一項的作業。

「報廢」是個處處暗藏玄機的主題。我在研究中發現，心理性報廢要比物理性報廢更詭譎和危險。因為就算你曾購買一些真正喜歡的東西，行銷人只要靠著花言巧語，就能讓你言聽計從地討厭這些東西。

如果你不喜歡落入這樣的陷阱，就請繼續讀閱讀下去吧。本書中有許多章節都是在教你如何抗拒心理性報廢的誘惑。既然廣告是心理性報廢的推手，我們就從廣告談起。

找出你對室內裝潢的審美觀

這個作業是要讓你了解你真正的品味。整個作業約要花二十分鐘，所以請先確認你有充裕的時間。

- 拿本筆記本，或在電腦上建立一個新文件。在文件中新增兩個欄位：「喜歡」和「不喜歡」。
- 上網搜尋室內設計的圖片。請不要找室內設計雜誌，而是在繽趣（Pinterest）、Instagram 或谷歌搜圖（Google Images）上搜尋。這樣你就能看到從都鐸王朝（the Tudors）到現代等各個時期的圖片。
- 先花五分鐘觀察圖片中的色彩，忽略其他的所有元素，並記錄你在室內設計中喜歡的色彩和配色。
- 花五分鐘觀察紋理和圖樣，如天然木材、隔板、花崗石或波卡圓點。
- 現在請花五分鐘觀察風格，例如百葉窗和花瓶。
- 最後請花五分鐘，找出你喜歡的家具和家庭用品的類型，例如翅膀椅、原木咖啡桌或復古冰箱。

・把這張清單帶在身邊，甚至可以進一步製作一張情緒板，這樣你就不會受到時尚影響，而且能買到歷久彌新的產品（想更深入了解如何尋找經得起時間考驗的室內裝潢嗎？請參閱第十一章）。

第三章 廣告業的陰謀——賣一個燈泡需要多少人手？

一九五〇年代的工業設計家布魯克斯．史帝文斯（Brooks Stevens）曾說，廣告業的存在，是為了「刺激人們去購買新一點、好一點的產品」。也許你會覺得難以置信，但我們並非生來就是愛亂花錢的消費者。因此行銷人員必須激起我們的購物欲。

我將以在廣告界服務十年的經驗，於本章揭露內幕，讓大家了解那些廣告高手是如何迷惑我們，讓我們就算債臺高築，也要去買自己未必需要的東西。

廣告界的內幕

那天的天氣很晴朗，但我卻在不見天日的環境中工作。我在一個巨大黑暗的倉庫裡，坐在一張黑色的仿皮沙發上。倉庫內唯一的光源，是在後方預備為汽車拍特寫的燈光。

經過幾個月的準備，重頭戲終於要在今天上演了。我看著幾十個心力交瘁，忙個不停的工作人員，突然了解到這份工作真的很變態。請慢慢聽我解釋。

有家汽車公司找上我任職的廣告公司，我們花了幾週研究所謂的「目標市場」，並深入了解民眾的想法、感受和行為。

我們公司的規畫人員擬訂的策略是：「讓人們把汽車視為流行商品。」接著他們就把策略交給創意總監，也就是我。

我們經過幾週的討論，提出了數十個構想後，我和藝術指導終於敲定海報的雛型。接著就進入實作階段。

我為五十多個模特兒試鏡，從頭到腳打量他們，看看他們是否「上相」，能激起人們購買三門汽車的欲望。

附帶一提，我因工作之故，必須以貌取人，這讓我感到很難過。這樣的工作讓我覺得自己很沒人性、可怕和噁心。雖然我最後看中的是一位已經很纖細的模特兒，和我一起坐在黑沙發上的客戶卻說，這位模特兒仍「稍嫌豐滿」。

大家對這位一點也不豐滿的女模特兒開始品頭論足，對她服裝的任何細節都做詳細的研究和討論，直到大家同意她已符合目標市場的要求。接著服裝設計師、髮型師、化妝師、燈光師、攝影師和他們的大批助理，開始馬不停蹄地工作，讓模特兒和汽車呈現出最完美無瑕的面貌。

接著攝影師把照片輸出到一個大型電腦螢幕上，讓我們能仔細觀察。我們也熱烈地討論著鞋子是否合適，並要求做一些細部修改。

幾小時後終於大功告成，我們再度回到辦公室，挑選出最好的照片。但我們覺得每張照片都有不盡理想的地方，因此將三張照片進行影像處理，結合成一張。最後再由幾位修圖專家將汽車和模特兒修飾得更加完美，雖然那已經是輛很完美的汽車，那位模特兒原本也美得讓人難以挑剔。

一個月後，海報終於完成了。它看起來真的是完美無瑕。不久，它就出現在英國的各大廣告看板上，我們也覺得這次的廣告很成功。

我之所以會談起這件事，並不是要炫耀我在廣告界的風光歲月，而是要讓你知道：廣告只是一個假象，一個苦心經營出的媚惑人心的假象。這類廣告都只是以產品為中心，營造出的一個虛幻世界，目的就是在潛意識層面影響我們，讓我們想成為廣告中的人物，或躋身在他們的世界中。

廣告具有一種潛移默化的功能，讓我們不自覺地期待著：「我也想變成廣告中的那種人，想體驗那種感受，過那種生活。」但廣告只是精雕細琢出的謊言。廣告呈現的只是一個虛構人物，連廣告中的模特兒也只是假象。如果你想變成廣告中的那個人，必須雇用約五十人，拍攝你在街頭漫步的樣子，連續捕捉每一剎那的畫面，然後再進行修圖。

那天我在攝影棚裡突然認清一件事：世上有很多工作可做，值得我通宵達旦地賣命，或花上數十萬元投資，我為何偏要投入廣告業呢？廣告到底是什麼玩意？

廣告是什麼玩意？

廣告起初只是一種分享資訊的手段。已知最早的文字廣告，是出自五千五百年前一個巴比倫人之手。主人要他去賣牛和飼料，他便在一塊泥板上刻下相關訊息。這則廣告是純文字的，上面沒有任何讓客人覺得物超所值的廣告詞，但它仍算是一則廣告。

在印刷術於一四〇〇年代發明前，街頭公告員（town crier）會到各處宣告政令，有時會有一位樂手相伴，因此最早的廣告歌也許是用魯特琴伴奏的。在一七〇〇到一八〇〇年代，各個公共場所的牆上都貼著廣告單，連教堂也不例外。這些廣告單非常醒目，上面有各種圖樣、字體和蝕刻板畫，推銷的商品也琳瑯滿目，有梨牌香皂，也有剛由貨船運到的「一百三十八個身強體壯的奴隸」。

在一九四一年，布魯克林道奇隊（Brooklyn Dodgers）和費城費城人隊（Philadelphia

Phillies）的棒球賽電視轉播中，第一支電視廣告誕生了。廣告畫面的上方是一支寶路華（Bulova）手錶巨大的錶面。一個渾厚的男聲得意地說：「美國專用的計時器。」

整支廣告就只有這麼短。我希望現在的廣告時間也都這麼短，但事實卻非如此。現在五小時的電視節目中，平均有一點二小時的廣告。也就是說，美國人的一生中平均有三年半都是被廣告消磨掉的。想想真是恐怖，偷車賊大概也只會被判三年半的刑期，但奉公守法的我們卻也要忍受三年半的折磨，不斷聽著要你花錢的穿腦魔音。

數位廣告就是現代的街頭公告員，而且它們並沒有魯特琴伴奏。我們每天約會看到和聽到三百六十二則廣告，也會透過商標或其他品牌標示，接觸不同的品牌達五千次以上。

這也難怪我們的行為會深受影響。很多人會說：「對廣告只要視而不見就好。」但頭腦本來就很好奇，對蜂擁而至的廣告更是難以抗拒。因此廣告訊息便會烙印在腦海中，改變我們的價值觀和對事物的感覺。

可怕的是，數以千計的廣告人，正無所不用其極地要讓我們每天接觸到更多廣告。如果在幾年後，你家的冰箱開始建議你該採購哪些食物，那也沒什麼好奇怪的。我之前提過的「精挑細選」，不只是要你對商品仔細選擇，也是要你仔細過濾訊息。我並不是要你完全不接觸媒體，而是要你努力找出能教你做出正確選擇的資訊來源。對於其他的資訊，我們就只能敬謝不敏了。

如果想要時時保持警覺，我們就應該提防會讓廣告滲透進家裡或頭腦裡的事物。如果想在未來一千年還保有清醒的頭腦，就必須好好守護自己的家。就像《哈利波特》（*Harry Potter*）中我最喜歡的角色之一說的，我們都必須「時時保持警覺」。

象徵手法的誘惑力

根據我的觀察，廣告業發生的最大變化，就是它已經從提供有用的資訊，好讓我們做出正確決定的媒介，變成象徵手法和操控消費者的工具，使我們無法好好地精挑細選。你也許已經注意到了，在目前的很多廣告中，甚至連商品本尊都看不到，看到的只有一個配合品牌商標呈現的構想。

舉例來說，李維（Levi's）在一八七〇年代的廣告，是兩隻馬使勁拉扯一條牛仔褲的圖片。在「永不破裂」的廣告標語下，還有關於牛仔褲的品質和製造過程的詳細描述。一九九八年的李維廣告，則有一隻名叫凱文的倉鼠，隨著重金屬音樂在滾輪上奔跑。男童旁白的內容是：「凱文喜歡他的滾輪，但有天滾輪壞了。」

音樂停下來後，倉鼠的滾輪也停了。隨著夜色的降臨，房內的光線也漸漸變暗。

「凱文很無聊。」

太陽出來後，凱文動也不動地站在籠裡。接著有支鉛筆伸過柵欄，戳著凱文，凱文便倒在木屑上。

「凱文死了。」

「李維原創」的商標出現後，廣告就結束了。

這段廣告引發了一波爭議，但我感興趣的並非爭議的內容，而是廣告和商品已經變得牛頭不對馬嘴。失落的倉鼠和牛仔褲完全沾不上邊，但李維公司會花數十萬美元播出這段廣告，就表示它一定有助於提高業績。這到底是怎麼一回事？

這支廣告的成功之處，就是它讓我們在看到李維的商標時，會感到大吃一驚、好笑或難以置信。這就是典型的潛意識訊息。

我們下次在店面或網路上看到李維的商標時，頭腦中的興奮感又會再次被喚醒。也許我們已經不記得這支廣告了，但我們仍會感到一絲興奮。這種興奮感讓我們對這個商標的印象更深，我們會更注意李維牛仔褲，並因此購買。

有人會說這支廣告要表達的是，李維牛仔褲很適合好動、不喜歡枯燥生活的人。它們是熱愛活動的人穿的牛仔褲。很多人或許會喜歡這種想法，甚至會因此覺得李維和自己氣味相投，但李維牛仔褲本身和好動其實並沒有什麼關係。

過去的廣告主要是關於商品的特色和品質，現在的廣告強調的則是品牌的象徵性特色，我想這就是商品品質愈來愈差的原因。不知從什麼時候開始，製造公司發現他們只需要提出一個觀點，如果大眾能接受這種觀點，我們也許就會有人買單。因此他們也就不再努力去研發最好的產品，而是努力製作最誘人的廣告。

現在各大品牌公司想改變我們對商品的印象時，只會推出新的廣告，而不是改良自己的產品。我們也許都以為自己是聰明人，不會受到這種策略擺布。

令人遺憾的是，事實並非如此。

我曾任職的廣告公司開始告訴父母，某種巧克力醬不但是甜點，也是「營養豐富早餐的一部分」時，它的銷售量就暴增一倍。

客戶服務也是如此。各品牌的行銷和廣告花費是五千億美元，但客服經費只有九億美元，由此可見他們真正重視的是什麼。很多公司都會努力引誘你購買他們的產品，一旦買下產品後就對你不聞不問，直到他們打算把「更好的產品」推銷給你。但你買的產品出了問題時，他們會擺出一副「貨物出門，概不負責」的嘴臉。

只有能打破這種陋習的公司，才有可能成為「終身受用」網站的推薦品牌。我們所推薦的公司都對他們的產品深具信心，也會竭盡全力為顧客服務。這種公司並不多見，但我很高興他們確實存在。

廣告如何改變你的想法

廣告還有一個比較不明顯，但仍不容忽視的特質，那就是它不只能推銷商品，也在推銷它的道德觀。

廣告會告訴我們，哪些事物是可被接受的，哪些不是，因此對我們的想法也會產生很大的影響力。

目前大多數的廣告所呈現出的都是一個被扭曲的世界，在這個世界中，大家都有一口白得不像話的牙齒、大腿都很修長、家裡都一塵不染。廣告中會出現各種膚色的人種，但就是沒有膚色極黑的人。

很震驚吧？我也一樣。但這就是事實。廣告的品質確實已經大幅提升，但就我在廣告界工作多年的經驗看來，仍有不少需要改善的地方。

我在幾年前曾為某個早餐食品的電視廣告撰寫企畫案，客戶要我強調這種早餐適合各式各樣的人，因此我在企畫案中加入一對同性戀。客戶的反應是，他們可以接受兩個男人在廣告中出現四秒，「但他們絕不能碰觸對方，不能打情罵俏，也不能深情對望。」

我問道：「你是說他們必須是室友嗎？他們為何不能是同性戀？」客戶一直沒有給我答案，我的同事也不了解我為何會這麼生氣。專案經理對我說：「身為同性戀的我都不生氣了，你在生什麼氣？」

「是這樣的，」我對他解釋：「請你試想一下，如果有位年輕的同性戀在無意間聽到我們的談話，知道有家跨國大公司不肯讓同性戀出現在他們的廣告裡，免得影響到產品的銷售。如果這位同性戀發現他們之所以不能出現在廣告中，是因為他們的存在會讓別人吃不下早餐，他會有何感想。」

這個廣告案後來被擱置了，爭議也就不了了之。一年後，我又接到這個客戶的案子，並說服他以一個跨種族家庭為廣告故事背景。但我選定演員後，客戶又說他不能接受我提出的演員名單，因為我挑的演員「膚色太黑了」。我以為其中有些誤解，並向客戶詢問為何不喜歡我挑選的演員。他們還是一口拒絕了，說純粹是膚色問題。

我用盡各種方法向老闆據理力爭，要他雇用我挑的演員，甚至以辭職做為要脅。但老闆只對我說：「我們不能失去這麼重要的客戶。」雖然我向所屬的廣告公司表達出強烈抗議，他們最後也沒有堅持立場，我也只能重新挑選膚色較淺的演員。

這個事件就是我離開廣告圈的主要原因。

既然我們都很反對偏見，那麼又該如何對抗廣告傳播的訊息？我認為對抗偏見的最好方法就是同理心。

培養同理心

我們在廣告或平常生活中，都會看到很多強調人我之別、嫌貧愛富的影像。它們讓我們無法對人產生同理心，也剝奪了我們生活中的樂趣。以下的作業能讓你培養更多同理心，以對抗這種訊息：

- 請花二十分鐘瀏覽《紐約時報》（*New York Times*）網站的〈眾生相〉（Humans, www.humansofnewyork.com），或閱讀該報的人情趣味報導。那一版的報導是關於不同背景和各行各業的人。有些報導很有趣，有些則非常感人。
- 挑個你不常見到的人，看著他的眼睛。
- 深呼吸，閉上眼睛，想像和他異地而處，從他的角度看世界，想像一下他一天的生活。
- 想像你是那個人，想像他遇到你時會有何反應。你會對自己視而不見，或是和自己聊天嗎？你會發現你們有些共同之處嗎？

我相信我在廣告界服務多年的經驗之談，能讓大家了解我們為何要對看到的訊息提出質疑。我也希望人們能透過質疑，抗拒各公司不符合大眾價值觀的潛意識訊息。只有這樣，才能自由地做出選擇。

我們應該禁止所有廣告嗎？

讀到這裡，你也許會想：「既然廣告壞處這麼多，何不禁止廣告呢？」如果可以在彈指間讓廣告消失，我們應該這樣做嗎？我也很希望讓廣告消失，但其實它仍有存在的必要。

廣告終究只是讓大眾分享資訊的媒介，而且未必都要以營利為目的。如果有個媒介能讓人們知道過去不知道的事物，或一些仍未使用過的設施，那麼它就有其用處。更何況廣告中有時也會出現小狗。

有愈來愈多人認為，人們應該有選擇是否要在日常生活中看到廣告的自由。

我也是其中之一。

就像我在第一章談過的，廣告會引誘我們追求物欲的滿足，對我們造成傷害。我們可以選擇不看某些電視頻道或出版品，以避免接觸某些廣告。但大街小巷都充斥著廣告海報和看板，如果要你閉上眼不看它們，一定會撞得頭破血流。那何不把街頭的廣告一掃而空呢？這聽起來或許很離譜，但卻是可行的。

二〇一六年，某個團體募款將倫敦某地鐵站的所有廣告移除，以貓的圖片取而代之。克拉珀姆（Clapham）地區的居民在沒有廣告看板，只有貓咪圖片的環境中，度過了美好的一週。巴西聖保羅（Sao Paulo）的市議會決議禁止所有戶外廣告後，一萬五千個廣告看板遭到拆除，市容也煥然一新。

現在很多電視頻道、應用軟體和出版品，都提供了付費去廣告的服務。這或許是一項進步，但其中也暗藏著危機。

因為如此一來，有錢人雖然可以付錢移除廣告，窮人卻得被迫看廣告。電視影集《黑鏡》（*Black Mirror*）的某個單元，將付費去廣告的構想發揮到極致。影片描述的是一個可怕的未來時代，那時所有人都生活在狹小的房間裡，牆上布滿了電視螢幕，螢幕上不分日夜地播放著廣告。

如果你想閉上眼睛不看廣告，那就要付費。如果你的信用額度用完了，就會被迫睜開雙眼，慢慢忍受廣告的煎熬。很可怕吧！

俗話說「水能載舟，亦能覆舟」，廣告也是如此，它可以被用來危害社會，也能被用來造福人群。

我認識的很多廣告人也想對社會有所貢獻，但他們卻以為身為廣告人就必須違背良心。事實並非如此。我現在已經不再違背良心，替我覺得對人類沒有益處的產品製作廣告。如果廣告公司也能開始尋找不同流合污的良心企業，並為他們宣傳。這些公司也許就會日益壯大，能和那些做惡多端、目中無人的大企業抗衡。

廣告人也許會覺得自己只是機器中的小齒輪，但齒輪可以正轉，也能反轉。如果廣告業能痛改前非，他們也許就能扭轉風潮，在商業界掀起一波變革。

如果你也是數以百萬計的行銷、公關或廣告從業人員之一，請和我們聯絡。我們一定可以做出重大改變。

第四章 行銷——讓人花錢的十大絕招

廣告人總希望我們相信自己很聰明，不會上他們的當。但我們總會被廣告一騙再騙，甚至不知道自己受騙了。曾擔任《廣告時代》（*Advertising Age*）編輯的蘭斯．克雷恩（Rance Crain）說：「我們有意識地接受的廣告內容，只占所有內容的百分之八。其餘的內容都是在頭腦不自覺的情況下影響我們。」人們或許不會一看到廣告，就奪門而出去購買廣告中的商品。但廣告顯然會對我們造成影響，因為愈愛看廣告的人就愈會花錢，也必須更努力工作，去購買他們自以為需要的東西。

為了讓你能確實做到「精挑細選」，本章要揭露行銷人員媚惑消費者的十大絕招，以及反制這些招術的方法。

絕招一：從兒童騙起

我們從一出生就被訓練出分辨品牌的本領。迪士尼會贈送免費的嬰兒連身衣，好讓嬰兒在學會注視物體前，就先看到他們的商標。

這些小孩便會成為迪士尼的死忠顧客。一九八三年，我還是嬰兒時，針對兒童市場的行銷費用只有一億美元。現在的行銷費已超過一百一十七億美元。

研究顯示，六個月大的嬰兒就能辨認商標和企業吉祥物。三歲大的孩子能辨認一百個品牌，而且嬰兒一學會說話，就會要求購買他們認識的品牌的商品。

我的姪女在三歲大時，已經會開心地複述除霉清潔劑廣告的片段。當時我們都覺得她的行為很有趣。但她的舉動也充分說明了，就算電視廣告只被當成背景播放，小孩對電視內容也會照單全收。

你或許會覺得這有什麼好大驚小怪的？在我看來，值不值得大驚小怪，就要看廣告的內容而定了。

一位兒童每年平均約會看四萬個廣告，他們並不知道廣告只是一種推銷方式，而是把廣告當成故事。約有百分之十三的廣告含有負面和令人不快的影像。兒童看到的食物廣告幾乎都在推銷不健康的食物。因此小孩每多看一小時電視，就會多吃下一百六十七卡的熱量。

廣告是物欲崇拜的最大推手，這也是它對兒童最壞的影響。物欲崇拜讓我們盲目追求物質上的滿足，並使我們和其他人疏離。

在一九七八年，研究人員曾對兩組兒童進行研究。第一群兒童看的是有玩具廣告的電視節目，另一群看的節目則沒有廣告。

研究顯示，看過廣告的兒童寧願獨自玩廣告中的玩具，也不想和朋友在沙場玩耍。目前，電視並不是兒童接觸廣告的唯一媒介；有百分之八十七的熱門兒童網站也都有廣告。

行銷人員最愛用的另一種手段就是「交叉促銷」（cross promotion）。他們會在交叉促銷中，利用兒童最喜歡的角色推銷不相干的產品，其中又以速食為最大宗。兒童都很信任故事中善良正直的英雄人物，因此他們從不會懷疑自己最喜歡的人物，會向他們推銷有害的食物。

我們該怎麼做？

以下幾個方法，可以讓你的孩子不致接觸過多廣告：

- 加入一項推動無廣告童年的活動：www.commercialfreechildhood.org。
- 請注意，根據美國兒科學會（American Academy of Pediatrics）的建議，兩歲前的幼童都不該接觸螢幕。雖然廣告宣稱，為嬰兒設計的電視和電腦產品能增強他們學習語言的能力，但這種說法並沒有獲得證實。

對較大兒童的處理方法：

- 看電視時跳過廣告，並在家用電腦上安裝廣告攔截軟體。
- 不要收聽商業電臺，有音樂或有聲書就夠了。
- 最重要的是，要教育孩子廣告是什麼。
- 和孩子一起觀看幾支廣告，並鼓勵他們對廣告提出質疑，尤其是那些違反你的價值觀的廣告。
- 向他們解釋，廣告呈現出的未必是事實，它們只是推銷商品的媒介。為了讓小孩喜歡某個東西，廣告會誇大其詞，使用俏皮和有趣的字眼，甚至請名人助陣。
- 向孩子說明，廣告的目的是激起他們購買新玩具的欲望，並嫌棄現有的玩具。為了讓他們不染上喜新厭舊的毛病，請和孩子們一起為舊玩具撰寫有趣的廣告，讓他們更珍惜舊玩具。

絕招二：以假亂真

廣告人都知道，如果廣告愈像真的，人們也會愈想購買廣告商品。我還在廣告界工作時，甚至會請真的有血緣關係的父母和孩子，演出廣告中的角色，藉著他們自然流露的親情讓廣告更具說服力。回想起來還真下流。

假睫毛的目的就在於以假亂真，和假睫毛一樣，廣告提供的資訊也未必是真的。事實上，美妝公司封面女郎（Cover Girl）的一個睫毛膏廣告，宣稱這種睫毛膏好用到「讓你不再想戴假睫毛」。但如果你仔細看廣告頁的角落，會看到一行小字，坦承圖中的模特兒其實有戴假睫毛。這在不實廣告中只是冰山一角。

在我拍攝的某支廣告中，小演員吃了幾次廣告中的兒童零食，結果都噁心地吐了出來。我們必須利用對手品牌的零食，才能拍到小演員咀嚼時「心滿意足的表情」。我們離開攝影棚時，專案經理說：「希望不會露出馬腳。」

可以作假的不只有食物。將「素人」對產品的親身體驗製作成廣告，會讓觀眾覺得這個品牌更值得信賴。但廣告裡的素人並非真的素人。

雖然他們看起來不像演員，但其中仍有很多蹊蹺：

一、他們也許是演員，或是想成為演員的人。

二、就算他們不是演員，他們也自願在廣告中露臉，而且通常都有錢可拿。

三、就算他們並未收錢，他們也了解有攝影機正在拍攝，也知道製作單位希望他們能讚美廣告商品。

四、為了預防素人的反應不如預期，廣告公司會拍攝很多人，再挑出喜歡商品的那些人。

廣告的大部分數據，也都是從很少的樣本或不客觀的意見調查得到的。他們會以競賽誘導受訪者，或使用誤導性的話術，製造似是而非的調查報告。高露潔（Colgate）就是一例，高露潔在一個大型廣告板上得意地宣布：「百分之八十的牙醫推薦高露潔。」這個廣告會讓人誤以為其他品牌比較差，只獲得百分之二十的牙醫推薦。但事實卻不是如此。牙醫在接受調查時可以選擇多個推薦的品牌，因此其他品牌也可能一樣受歡迎，甚至更受歡迎。

我們該怎麼做？

- 只有一個方法能讓你不受廣告的欺騙，那就是對廣告必須時時保持戒心，只要發現任何可疑之處，就不要相信所有內容。
- 你或許會覺得這樣很讓人困擾，但不必擔心。有很多能提供重要購物資訊的好地方，其中也括顧客評價、公正的專家、消費者報告，和本書的第十一章。

絕招三：社會操弄

廣告的終極目標，就是透過一次廣告活動操弄整個社會，創造出新的典範。舉例來說，男人計畫購買訂婚戒指時，常會被告知他們必須花兩到三個月的薪水。這個規則是從何而來的？我問了一些親朋好友，他們也都不太清楚，只說可能是傳統吧。

其實這是鑽石公司戴比爾斯（De Beers）一項高明的廣告活動。他們的廣告說：「這是將兩個月的薪水，化為永恆的唯一方法。」戴比爾斯不但自做主張地為愛情訂了一個價格，也開創了以鑽戒做為訂婚戒指的風潮。

在一九四〇年代，只有百分之十的訂婚戒指是鑽戒。後來戴比爾斯展開著名的「鑽石恆久遠」廣告宣傳，到了一九九〇年代，有八成的訂婚戒指上都有閃閃發亮的碳元素晶體。直到現在，大家都以為訂婚鑽戒是和婚姻一樣古老的傳統。

我們該怎麼做？

‧如果你在買東西或消費時，發現自己這樣做是因為「這是理所當然的」或「大家都這樣做」時，你必須要了解到大家之所以都這樣做，其實也都是受了其他人的影響。

．人有從眾的天性，但這些天性並不包括一定要買某個東西。不要隨波逐流，把錢花在最契合你個性與現況的東西上。

絕招四：一時衝動或三思而行

在二〇一二年的一支電視廣告中，許多小孩正在努力抵抗哈瑞寶（Haribo）軟糖的誘惑。他們被告知，如果能等上幾分鐘再吃面前的小軟糖，就會得到另一顆軟糖。

在之後有趣的蒙太奇畫面中，小孩拿起軟糖，又把軟糖放下，情不自禁地聞著軟糖，並用舌尖輕觸。有個女孩收回伸出一半的手，告訴自己：「不要這樣做。」最後所有小孩都認輸並吃了軟糖，一位女演員接著說：「哈瑞寶就是太好吃了。」也許我們看不出來，但這則廣告其實是在教我們，面對哈瑞寶時該有何反應，也就是不要抗拒它的誘惑。

廣告很高明地把不知節制包裝成一件很酷的事。它宣揚的是放縱欲望，對克制欲望反而嗤之以鼻。這一招對行銷人員非常有利，因為我們考慮得愈周密，買東西的機會就愈少。廣告的目的就是要把我們訓練成不用大腦的動物。

我們該怎麼做？

在面臨抉擇時，一定要參考你的直覺，因為直覺通常能提供寶貴的建議。但在購物時，就不能完全相信直覺。當然，人生有時的確該及時行樂，這樣才活得有趣味。但在及時行樂時，切記不要掏出信用卡。

絕招五：名人加持

名人為品牌代言，在目前已經是司空見慣的事，有時一看到某位名人就會讓人想到某個品牌，看到某個品牌就會聯想到某個名人。

但你不會覺得很奇怪嗎？就算某人在某個領域能獨領風騷，但他有什麼資格為毫不相關領域的商品代言呢？

嘻哈教父史努比狗狗（Snoop Dogg）為諾頓防毒（Norton Antivirus）軟體代言；流行歌手小賈斯汀（Justin Bieber）為自己品牌的牙膏宣傳；巴布．迪倫（Bob Dylan）為維多莉亞的祕密（Victoria's Secret）打廣告。但如果我對網路安全、牙齒保健或如何支撐胸型有疑問，想找人提供建議，我絕不可能會向這三位名人求教。他們和代言產品完全扯不上關係，只是行銷人員仍會這樣做，因為這是很有效的行銷方法。為什麼會這樣？

研究顯示如果我們崇拜的某個名人，是某商品的愛用者，那我們就會更想購買那項商品，哪怕它的價格比同類商品貴上一半。

人們對名人和影音部落客的崇拜是盲目和非理性的，因此就算他們代言的商品品質比競爭商品更差，我們仍會去購買。

崇拜有才華的人是天經地義的事，但就算內心崇拜某人，我們也不必愛屋及烏地崇拜他們代言的商品。

這些名人通常也不會使用或喜歡自己代言的產品。大衛．貝克漢（David Beckham）是三星手機的代言人，但他用的卻是蘋果手機。

我們該怎麼做？

下次在廣告中看到喜歡的名人時，必須仔細審視自己的感受。我是珍妮佛．勞倫斯（Jennifer Lawrence）的大粉絲，因此我很容易把自己對她的喜好，投射在她拿的迪奧（Dior）手提包上，也會覺得那種手提包有珍妮佛的氣質。我以為只要擁有迪奧手提包，就會變得和她一樣，在特立獨行中又帶著幾分可愛。但如果我想知道我是否真的喜歡迪奧手提包，我就要先做以下的作業。

- 看著照片中的名人，再挑一位你很討厭的名人，想像他們一起出現在廣告中。
- 只要你認真想像，就會發現你對這項商品的印象完全不同了。這兩位名人對商品的加分和減分效果正好互相抵消，讓你能客觀地判斷是否真的喜歡這項商品。
- 最後要提醒的是，就算你買了一個迪奧手提包，拿著那個包包的也不是珍妮佛．勞倫斯，而是你自己。因此你必須挑選能反映自己品味的包包，不要冀望買了迪奧包包就有她的味道。

絕招六：病毒式廣告

我還在廣告界工作時，常夢想能製作出一部人人都喜歡的瘋傳廣告。這種廣告被刻意製作得一點也不像廣告。

人們會把這種廣告瘋狂傳給朋友，讓大家都能同樂，因此廣告會創下驚人的點閱率，銷售量也會巨幅增加。二〇一四年，有支記錄二十位陌生人初吻的影片被上傳到 YouTube。直到現在，這部不像廣告的廣告已創下十億次點閱率，該服裝品牌的銷售額也增加了一百四十倍。

說到瘋傳廣告，我們也許都沒有認清自己是被操弄的對象。但我們通常也都不太在乎，因為這種影片不是很有趣，就是很溫馨，讓我們覺得被操弄好像也無傷大雅。因此人們會把別人的行銷訊息傳送給親朋好友，卻不會好好想想傳播出去的訊息到底是什麼。

我們該怎麼做？

- 看到瘋傳廣告時，當然可以開心地欣賞。但你千萬不要誤以為影片中觸動人心的訊息，反映的就是製造商真正的價值觀和作為。
- 如果你看到的某部瘋傳影片，是出自違背你的價值觀的製造商，請不要把它分享給大家，不管它有多爆笑或感人。

絕招七：性感廣告和創造完美的典型

如果你在廣告中看到，有個幾乎一絲不掛的女人搭配著商品，就表示廣告製作團隊已經黔驢技窮，玩不出新把戲了。他們知道人類生來就會對性暗示感興趣，因此這種偷懶的方法通常會很有效。

但這種廣告也有其副作用，它物化了女人的身體，剝除了人的人性。如此一來，社會將把女人視為可被擁有的東西，對女性施暴的情況也會愈來愈嚴重。廣告中的身體通常都是假造的。有時廣告呈現出的完美身體，其實是由四、五位女性的照片合成的。

廣告人之所以要如此大費周章，是因為完美無瑕的臉孔和身體很能刺激人們購買的欲望。這些臉孔和身體讓我們深深著迷，因為人類會本能地受到「健康特徵」的吸引。在這種本能的驅使下，人們會努力尋找健康的配偶，因此才能一直繁衍至今。

但廣告業者現在卻利用這種本能，從沙發到肥皂……把各種商品推銷給我們。

為了刺激銷售，就連很小的孩子都要被修整到盡善盡美。我在進入廣告界之前，曾在一家雜誌社工作，雜誌是以七到十一歲小女孩為訴求對象。為了讓雜誌銷售得更理想，雜誌中出現的同齡層小孩，也都要被修飾到沒有瑕疵。

這種做法會造成可怕的影響。在電視被引進斐濟的三年後，一項研究顯示，原本斐濟女孩並沒有催吐減重的習慣，現在卻有百分之十一點三的女孩會這樣做。在一九九五年，斐濟文化中還沒有節食減重的概念，現在卻有百分之六十九的十幾歲少女很熱衷此道。

我們在廣告中看到的人，通常都比一般人更年輕、膚色更白，也更高、更瘦。女模特兒一超過十八歲，廣告公司就會猶豫該不該和她簽約，因為模特兒到了二十四歲就已經算是「人老珠黃」了。

看到這些模特兒，就會讓我們充滿不安全感，覺得自己又老、又胖、又醜。廣告誘發出人們的強迫性購物症。我們必須不斷花錢，彌補自己的不完美，因為我們永遠無法變得像廣告要求的那麼完美。

我們該怎麼做？

只要肯定自我的價值，以健康的態度面對外貌，就能克服身體上的不安全感。因此請你做到下面幾點：

- 每當對自己的身體不滿意時，請心懷感激地想想，身體賦予你的各種神奇能力。在有生之年，就好好享受這些能力吧。
- 請把身體當成一個嬰兒般，視為需要你細心呵護的對象。你不會因為一個嬰兒長得肥嘟嘟的而嫌棄他。你只會輕撫他，不求回報地愛護著他，鼓勵他充分發揮他的才能，並努力維護他的健康。你對自己的身體也該這樣。下次看到某個廣告，告訴你的潛意識必須擁有某項商品，身體才會達到你的要求時，你的潛意識就會自動回答：「不必了，我很滿意我的身體。」

・請到「女性不是物品」（womennotobjects.com）網站參加聯署，這樣不但能讓你更有自尊，也能造福後代。這項活動提出了四個評斷廣告的標準：

一、女人是否被物化了，只是用來充當道具？

二、女模特兒是否曾接受整型，才有讓人驚為天人的完美身材和面貌？

三、我們是否只看得到她的肢體，而看不到她的臉？

四、如果她是你的母親、女兒、姐妹、同事或你自己，你又作何感想？

當你考慮過上述四個問題，覺得某部廣告已經超過你的容忍範圍時，請向「女性不是物品」活動回報。如果我們不提出抗議，各大品牌就不可能做出改變。因此若你一發現他們做出你無法容忍的行為，就請在社群媒體上提出批判。

絕招八：製造恐懼

如果你在谷歌引擎搜尋「廣告中的錯失恐懼症（FOMO，Fear of missing out）」，會發現最熱門的搜尋結果，都是在教導廣告人利用錯失恐懼謀利的文章。有篇文章說：「我們可以利用錯失恐懼症患者的恐懼感，刺激他們購物。這種方法很有效，因此是行銷人員絕不能錯過的利器。」

另一位作者說：「人們愈害怕無法獲得某樣東西時，就會愈想獲得它。」根據心理學研究報告，以激勵的強度而言，害怕不能獲得某個事物的強度，是希望得到某個事物強度的兩倍；發現朋友或同儕在做某些事，自己卻沒有這樣做時，有百分之四十的人會感到不安。

行銷人員會營造出商品供不應求或即將銷售一空的假象，以製造錯失恐懼症。「限定版」、「限時搶購」、「快閃拍賣」、「優惠即將結束」、「僅此一次大特價」和各種行銷活動，叫賣者迫切的聲音，也是為了製造錯失恐懼症。急切的聲音通常意味著危險，我們的大腦邊緣系統會以為「這個訊號或許能幫助我求生」，因此我們便會聽從它的指示。

我有位老客戶是沙發製造商，他的公司總是在宣傳優惠即將結束，到後來人們都打趣地說，只有等到世界末日他們才會結束特價拍賣吧。

讓我納悶的是，每當廠商出清特賣即將結束時，人們就會蜂擁而至。所以我的客戶總是在做特價大拍賣，這樣才能出清存貨。

我們該怎麼做？

我們都會害怕錯失撿便宜的機會，卻也常因此花了不少冤枉錢。你必須要訓練你的大腦，讓它不受影響。

．下次看到錯失恐懼症戰術時，你可以不以為然地對自己說：「不出幾個月，他們又會舉行一次『僅此一次』大拍賣了。」

．你必須先仔細地做好購物計畫，而且事前要做點功課，利用價格追蹤器判斷最好的購買時機。

．錯失恐懼症多半是因為觀看他人的社群媒體而產生的。如果某些人特別容易引發你的錯失恐懼症，可以利用應用程式取消追蹤，或關閉他們的通知。

愈喜歡瀏覽其他人的美好生活，就愈容易焦慮和不快樂。隨時都有人正在一擲千金地尋歡作樂，但我們也只能安分守己地過生活，並為將來打算。

此外，你也要避免發布會引起他人錯失恐懼症的貼文。如果想打破這種惡性循環，就該從自己做起。

絕招九：製作不是廣告的廣告

為了吸引大眾的注意力，一場祕密戰爭正在進行中。使用廣告攔截器和隨選視訊服務的人愈來愈多，廣告人也必須想些新招術才能打動人們。以下就是他們的一些花招。

• 品牌置入內容

只有百分之二十的觀眾會專心看廣告。但《爆笑頻道》（*Comedy Central*）已解決了這個問題，因為他們會把廣告包裝成短片。《手模》（*Handy*）系列就是一例，這一系列的五分鐘短片以手模特兒為主題，每個單元都由不同品牌贊助，例如《美國百工》（*Black & Decker*）和《老喬伊螃蟹小館》（*Joe's Crab Shack*）。這些短片都很有趣，也都充滿巧思，看起來就像《爆笑頻道》的節目。但就算你喜歡這個系列，也未必要買美國百工的電鑽。

• 置入性行銷

為了讓自己的商品出現在電視節目或電影中，各廠商都很樂意花上數百萬美元。為了在一九九五年的〇〇七電影《黃金眼》（*Golden Eye*）中亮相，寶馬汽車（BMW）不惜砸下三百萬美元。但他們在預售中就賺回兩億四千萬美元。

置入性行銷如果做得太明顯，反而會讓人望之卻步。置入的商品通常是出現在背景中，人們雖然不會有意識地注意到它，潛意識卻會毫無警覺地照單全收。等到有天我們去逛街時，便會覺得某個品牌特別吸引人。某部我們甚至不記得片名的浪漫喜劇，最後竟能讓我們買下不太符合需求的次級商品。

如果要抗拒置入性行銷，就必須理性研究。

你必須自問，為何會對某些品牌情有獨鍾。接著再參考他們的競爭品牌，去搜尋客觀公正的資料，調查這些品牌的品質、工藝是否能符合你的長期需求。

● 贊助商

各品牌會花上數百萬元提供贊助，是因為我們在觀看這些活動時會感到快樂，使他們能間接得利。我們會無意識地把品牌的商標，和自己的歡愉及興奮聯想在一起。

有件事一直讓我覺得很荒謬，那就是在速食品牌贊助的體育活動中，利用運動員打廣告的畫面——那些運動員吃的食物，極可能比速食來得健康許多吧。

這時我們的自保之道，就是對贊助商提高戒心。

參加一項活動時，請留意四周出現的品牌名稱。在你的潛意識看來，這些品牌或許都充滿正面積極的意義。如果你不喜歡自己潛意識的解讀，可以在腦海中更換品牌的名稱，或自行創造符合這些品牌形象的廣告標語。

- **原生廣告（Native advertising）和報導式廣告（advertorial）**

有些廣告會被包裝成新聞的樣子。舉例來說，在《紐約時報》上有則關於能源的報導，但這則報導是由一家能源公司贊助的，因此報導就很難保持客觀公正。原生廣告尤其會混淆視聽，因為只有不到一半的人具有分辨真假報導的能力。

對報導式廣告一定不能掉以輕心。如果你發現報紙上的某則報導很有說服力，讓你覺得它介紹的產品正好符合你的需求，這時請看看報紙的角落是否標註了「報導式廣告」，並從其他來源查看關於這項產品的資訊。

- **透過朋友推銷產品**

行銷人員都知道，大家都很信任自己的朋友，因此很多行銷人員便採「社群銷售」（social selling）的手段，讓朋友對朋友打廣告。

以時尚名牌馬克·雅各布斯（Mark Jacobs）為例，他們會邀請一些趕流行的目標觀眾到一家快閃店，提供他們免費商品，讓他們在推特上發布相關標題。

這些人的朋友接著就會在推特上看到發文，馬克·雅各布斯也能藉著這種方法，接觸到原本在他們影響範圍之外的人群。

當你在朋友的推特或貼文上，看到關於品牌和商品的討論時，必須格外小心，他們可能都有拿到好處，或者是想藉此得到好處，因此他們的推薦未必是真心的。如果你的某個好友開始狂發垃圾訊息，請關閉他的訊息通知，或停止追蹤、關注他。

也請你將心比心，除非你真的覺得某項商品很有價值，也願意當面向朋友介紹它，否則就不要在推文中討論它。

如果你只是為了私利而討論它，你就成了問題製造者。

絕招十：利用神經科學

廣告人無孔不入，他們甚至會從你沒意識到的地方，讓廣告侵入你的腦海。在很早以前，行銷人員就開始研究大腦，觀察哪一種廣告對大腦造成的效果最強。

二十世紀初曾進行過一系列測試，施測人員將雜誌放在受測者面前，只翻開很短的時間，再問他們記得什麼。當這些資料被收集好後，將對我們造成更大的影響。舉例來說，以白底黑字吸引男人的注意，或以白底紅字迎合女人的喜好。

廣告代理商現在會讓受測者接上腦波監測器，以評估他們的反應。尼爾森媒體研究公司（Nielsen Media Research）是提供這種測試的公司之一。他們說：「我們可以透過最先進的神經科學，幫助各品牌了解消費者的無意識反應。」

他們會追蹤腦波、臉部反應和眼球活動，記錄潛意識對某部廣告每一秒的反應。接著他們會一再修改廣告，直到它能讓潛意識產生他們希望的反應。

廣告的目的就是「深植人心」，讓人們一看到某個品牌或處在某種場景時，就自然而然想起廣告的訊息。

除非我們能離群索居，遠離現代生活，否則就無法封鎖那些試圖影響我們價值觀和欲望的訊息。

然而，我們卻可以自己創造一些訊息與它們抗衡。

自創廣告

如果你發現某些事讓你很有成就感，對你很有建設性，那麼請你為這些產品製作廣告（在第八章有介紹該如何找出這些事）。例如：

全家團聚時；

和好友相聚時；

在大自然中時；

追求某個有創意的夢想。

以下就是我為這些事做的廣告：

「家人，只有他們會對你不離不棄。」

「朋友，讓你在有生之年不至孤獨到瘋狂。」

「自然。科學已經證明了，大自然能讓你更健康快樂，也能讓你的頭腦更清楚。」

「寫作。它是戒斷美妝用品上癮症的唯一方法。」

你可以在自己身邊，放置一些能代表自我價值觀的影像。其實很多人都已經這麼做了，例如他們會把情人、好友或愛犬的照片，做為手機的背景圖片，讓自己常看到對自己來說最重要的人或動物。

心中的廣告攔截器

廣告在日常生活中幾乎已無所不在，讓人們習以為常到幾乎忘了它的存在，更別說對它提出質疑。

我慢慢發現，廣告其實就是一種催眠，而它催眠的對象就是我們的潛意識。這是因為意識會斤斤計較地問問題，例如，它在我的經濟負擔範圍內嗎？它是用什麼材料製造的？但在意識還在精打細算時，潛意識卻已經融入廣告中，忙著和模特兒談情說愛。

如果廣告是一種催眠，我們是否能以反催眠來保護自己呢？我曾向兩位催眠治療師求教，問他們是否能自創心中的廣告攔截器。他們說這應該是可行的。

攔截廣告

催眠治療師海倫．克拉文（Helen Craven）是一位臨床催眠治療哲學博士（ＤＣＨ），她說對抗廣告的最佳方式，就是常常告訴自己的潛意識要知足常樂。

每當你要上街時，只要反複在心中默念：「我已經很快樂，什麼都不缺了。」這樣你就能抵抗來自四面八方的廣告。

克拉文警告說，我們放鬆警戒時，心智是處於「阿爾法（Alpha）波狀態」，對潛意識的暗示毫無招架之力。她認為要在充斥著廣告的環境對抗這種暗示，就要時時提高警覺。我們在警覺時會進入「貝塔（Beta）波狀態」，對暗示會有更高的戒心。以下是提高警覺的幾個方法：

• 逛街時

你可以邊走邊冥想以保持警覺。將注意力集中在步伐和呼吸上。當你被某個廣告吸引時，就好好端詳它，並對它說：「我什麼都不缺，謝謝。」

• 看報紙或雜誌時

《克服焦慮的方法》（*The Anxiety Solution*）的作者克蘿伊・布洛特里奇（Chloe Brotheridge）說，當你無法躲避廣告時，可以用想像力讓廣告變得很荒謬可笑。她的建議是：「想像模特兒有小丑般哭喪的臉，或長了像唐老鴨的頭。這樣你就不會把廣告當一回事了。」

• 看電視時

克拉文和布洛特里奇都提出警告，人們在看電視時意識處於鬆戒狀態，特別容易受到影響。

如果你想不受影響，就必須養成不看廣告的習慣。利用廣告的五分鐘空檔去做些有建設性的事，例如整理房間、安排和朋友見面，或用牙線潔牙。

將產品抽離時尚背景

以下是自創心中廣告攔截器的另一個方法：

- 當你發現你被廣告中的商品迷住時，請瞇起眼睛，只注視商品，忽略它的時尚背景和暗示。
- 現在請發揮想像力，把這項商品放進你的生活環境裡。如此一來，它就不太可能會像廣告中那麼誘人。

舉例來說，就算我買了某個名牌手提包，我也不太可能拎著它躺在一張躺椅上，身旁還有個衣不蔽體的拉丁紳士在親吻我的脖子。比較符合現實的情況是，我只會拿著這個名牌包去買貓食，再把包包和貓食一起放在廚房的料理臺上。這個名牌包一旦進入你的現實生活，還會散發廣告中誘人的光彩嗎？如果它會黯然失色，那它就不適合你。

只要好好利用心中的廣告攔截器，就能更客觀地判斷哪些產品才真正符合我們的需求，哪些又只是金玉其外，敗絮其中。接著我們就要來談談一種虛有其表的商品：衣服。

第五章 瞬息萬變的時尚——不再隨波逐流

時尚是一個醜陋得讓人難以忍受的領域，因此我們每隔六個月就要讓它改頭換面。

——奧斯卡．王爾德（Oscar Wilde）

過去每年只有兩個時尚季。但由於時尚的變化速度太快，現在每週都有新的風格出現。如果有位名人穿同一套衣服亮相兩次，就會成為天大的新聞。這意味著如果你有點錢，就不該一直穿相同的衣服。

這種風氣對我們的消費習慣造成極大的影響。在一九三〇年，每位婦女平均有九套衣服；現在每位婦女每年平均要買六十七件衣服。值得一提的是，千禧世代的男人，置裝花費已超越女人，這還真是史無前例。

本章要探討的是潮流的起源和人們為何會追逐潮流。我們擁有更多衣服後，就變得更快樂了嗎？該如何根據自己的品味購置能終身受用的衣服？

潮流

流行其實就是另一種俗氣。

——卡爾・拉格斐（Karl Lagerfelf）

我在十八歲剛開始自己買鞋子時，流行的鞋款突然從圓頭鞋變成尖頭鞋。我還記得我看著一個時裝廣告看板，對一旁的朋友說：「這種鞋子就算穿在模特兒腳上都顯得很怪。」但幾個月後，我就把圓頭膠底布鞋丟了，換穿一雙尖頭的卡維拉平底鞋。我頭一次穿上這雙尖頭鞋，只覺得自己變得高雅時尚，而且一點也不奇怪，只是腳趾被夾得很不舒服。

所謂潮流就是這麼一回事。只要很多時裝設計師和室內設計師開始推動新潮流，你就會覺得自己的衣服和室內裝潢過時了。

在某種商品剛推出時，它的風格愈「時尚」或愈「潮」，流行週期通常也愈短。這樣製造商才能確保他們的產品能在幾年內過時，讓我們不得不汰舊換新。如此一來，大設計師才能繼續大發利市。就像專業時尚觀察家馬蒂・雷蒙說的：「潮流就是某些人的生財之道。」這也難怪設計師、裝潢師、零售業者、影音部落客、公關人員和廣告大師，都爭先恐後地想成為潮流領導者。但真正引領潮流的是誰？

如果你看過我最喜歡的電視影集《冰與火之歌：權力遊戲》（*Game of Thrones*），就會了解權力的真相：「我們認為誰有權力，誰就會成為掌握權力的人。」既然權力是源自信念，我們也可以賦予自己權力，並了解自己也能成為掌權者。

我們這些市井小民必須奪回權力，因為潮流並非我們的盟友。潮流是只在乎自己的損友。他們一開始會讓你很快樂，但不久後，你會發現自己只能照他們的意願行事，而且他們並不在乎你是否會不舒服，也不介意在你的同伴面前讓你難堪。他們才不在乎鋸齒花樣的窗簾會讓你頭昏腦脹，緊身牛仔褲會讓你看起來像穿了褲襪的火雞，小平頭會讓你顯得身大頭小。最後你會發現，潮流和你交往只是為了滿足他們的虛榮心。這種朋友不要也罷。

我們為何會追隨潮流？我想主要有三個原因。

第一，在原始時代，人類仍在林地上爬行，尋找無毒的食物時，仿效成功者能提高我們的生存機會。但各大公司現在卻利用人類模仿成功者的本能，把緊得不能再緊的牛仔褲推銷給我們。

第二個原因是，人類為了提升或鞏固自己的社會地位，會不斷地觀察潮流，並遵循社會中的潛規則。然而，這種執著有時卻會造成傷害。隨波逐流是我們界定自己立足於茫茫人世的方式之一，我們能藉此獲得團體的接納，而不是被拒於門外。如果和所有人都一樣，那就不算出類拔萃了。

這些菁英分子為了走在時代的尖端，必須更快地改變規則。潮流才會變化得如此之快。

潮流的第三個成因就是日久生厭。我開始實踐愛物惜物的生活時，最常被問到的問題就是：「難道你不會覺得無聊嗎？」對一般人而言，一直穿相同的衣服和長期不重新裝潢住家，是一件很難忍受的事。

現代人似乎真的很怕無聊。如果讓某人選擇要在房裡靜坐沉思或接受電擊，大多數人都會選擇痛苦的電擊。時裝界的潮流更迭，依賴的也是人們的無聊。

瑪莉．官（Mary Quant）曾寫道：「設計師的工作就是洞燭先機，在人們對現有事物感到厭倦之前，就先感到厭倦。設計師充其量就是喜新厭舊的人。還好我就是這種人。」

我們都會喜新厭舊，而且這種心態也有其必要。它是人性的一部分，也是打破成規和創造發明的動力。但我們不必為了喜新厭舊，就更換衣服和家用品。俗話說：「人生有變化才有趣味。」但除了變化之外，人生還有很多有趣味的事物，例如我們做的事、去的地方、見到的人、創造的東西、學習的新知、對世界的貢獻……除了新上衣和時髦的抱枕，世上還有很多新鮮事等著我們去體驗。不要再坐井觀天了。

覺得無聊時，請發揮你的想像力。如果你對某件事一直感到好奇，那就去一探究竟。就算只是對某個主題、某個地方、某種體驗或某個人感到一絲好奇，不妨展開探索，看看會有何發現。

也許你會因此發現一些意想不到的新興趣。這不是比買件新款運動衫有趣得多嗎？

快時尚

我從筆記型電腦上看到一個年輕的女孩，她有著一雙藍色的大眼睛和一頭柔亮蓬鬆的秀髮。她對著鏡頭侃侃而談，好像我們是在育兒園就認識的老朋友。柔依拉（Zoella, Zoe Ellibeth Sugg）是全球目前最受歡迎的影音部落客之一，她每月就能賺進超過七萬美元。我正在看的是她在英國時尚服飾連鎖店普里馬克（Primark）大採購的影片。她把一個和人一樣大的購物袋搬到床上，開始介紹她的戰利品。最先登場的是一件超長襯衫連衣裙，售價只有十八美元。接著是一雙像是康威士（Converse）款式，耀眼的玫瑰金色運動鞋。她開心地解釋說：「我想穿上這雙鞋一定很棒。它的售價只有十一美元，就算穿壞了也不會心痛。」她很清楚她買的衣服和鞋子並不耐用，但對她來說，它們已經便宜得物超所值了。她總共採購了四十樣商品，單價介於兩美元到十八美元之間。

這可說是快時尚最具吸引力的例子。會去瘋狂大採購的不只有影音部落客。我們目前購買的衣物，和十五年前相比平均多了百分之六十，但保存的時間卻少了一半。這樣的瘋狂消費對我們來說也許很划算，但某些人卻要為此付出沉重的代價。

在二〇一五年的一部挪威紀錄片中，三位追求時尚的少男少女來到柬埔寨，挖掘他們熱愛的快時尚服飾的內幕。

這三位時下青年，寄住在二十五歲的成衣工人史克蒂（Sokty）的家。留著一頭淺色金髮的安娜肯（Anniken），不可置信地睜大雙眼說：「她家還沒有我家的浴室大。」史克蒂每週工作七天，每天工作十二小時，在週日「只要」工作八小時。她小時候的夢想是當個醫生，現在卻成了夾克的縫製工人，年薪只相當於她縫製夾克的售價。

這些挪威人到柬埔寨前，對成衣工人的印象是：「不管怎樣，這就是一份工作，而且柬埔寨的國情不同，當地人都很吃苦耐勞。」後來他們遇到兩位婦女，其中一位的母親是餓死的，另一位婦女則必須不斷車縫同款毛衣的同一道縫線，每天工作十二小時，連續工作了十四年。

安娜肯在了解當地情況後，態度也徹底改變了。「誰都不該日復一日地縫衣服，直到因脫水或精疲力盡而倒下。我們的富裕是建築在他們的貧窮上。我們可以用八美元買一件運動衫，但在享受低廉的價格時，有些工人卻因此被餓死。」

孟加拉是世界第二大的成衣工業國。二〇一三年四月二十三日，孟加拉一家成衣工廠的一側牆面出現裂縫，工廠內的工人都被疏散了。第二天早晨，雖然成衣工人已提出抗議，不願回廠工作，但他們被告知如果拒絕回到工廠，就要被扣一個月的薪水，因此他們只好回去工作。

早晨八點五十七分，工廠倒塌了，當時工人都在建築內。有一千一百二十九人死亡，超過兩千五百人受傷。

這起事件在之後幾天一直是全球關注的焦點，但很多人所謂的「現代奴工」仍繼續過著悲慘的生活。有些奴工會因為薪水難以餬口和工作環境危險而提出抗議，通常他們的下場不是被開除，就是遭到毆打或逮捕。

該如何解決這個問題？

在選購度假要穿的漂亮衣服時，人們通常不會想到奴工的遭遇。我們不會去想像那些坐在縫紉機前，一排排營養不良的悲慘奴工。

我們看到的只有低廉的價格，最新的時尚和精美的刺繡。因此我認為**在購物前，首先要確認哪些品牌和自己有共同的價值觀。**

要尋找不剝削工人的品牌是很容易的事，只要上網搜尋「道德成衣品牌」，就能看到一長串名單。如果你已經習慣在大賣場購買超廉價服飾，或許會覺得道德成衣品牌的標價高得嚇人。但只要購買道德品牌和公平交易品牌的商品，就可以確定他們的工人受到良好對待，也能獲得足以維持生活的工資。

此外，你也可以考慮購買有機棉衣。時裝產業使用的化學藥劑和殺蟲劑，是很少受到討論的議題。但在種植棉花和為衣服加工與染色的村落和城市，大量化學藥劑會滲入當地的飲用水。你甚至可以在那裡看到鮮藍色的狗在遊蕩。

在印度的某些村子，生來就有缺陷、罹患怪病和癌症的兒童也開始爆增。如果能購買有機棉衣，不但對皮膚比較好，也能維護半個地球外尚未出生的兒童的健康。

第三，購買衣服時，一定要考慮它的耐久性。購買耐穿的衣服，是保護環境最簡單和快樂的方法之一。只要把衣服多穿一到兩年，時尚產業每年的二氧化碳排放量，就能減少百分之二十四。在水資源愈來愈珍貴的今天，這樣做也能節省下數十億加侖的水。

我所說的耐久性，除了指衣服必須使用堅韌的布料，也是指它的風格能符合你的品味，讓你願意長久穿它。如此一來，就不必汲汲營營地去趕流行了。

找出自己的風格，購買能穿上一輩子的衣服

在不斷推陳出新的潮流誘惑下，人們常會去購買和自己的身體或品味格格不入的東西。從這個角度看來，大家都是時尚的受害者。我將在這個小節為受害者提供支援，教大家如何駕馭

時尚，而不反被時尚駕馭。我們該怎麼做，才不致於隨波逐流？該拒絕接受時尚，從生到死都穿著嬰兒服般的連身衣嗎？

說來諷刺，但有家世上首屈一指的時尚品牌，卻提供了一項脫離時尚奴役的救贖之道。YSL的創始者伊夫・聖羅蘭（Yves Saint-Laurent）曾說過一句名言：「時尚早晚會成為過去，個人風格卻能歷久彌新。」

根據我的解讀，聖羅蘭說的就是「找出自己獨特的風格」，也就是你最喜歡的外型。挑選衣服和挑選終身伴侶一樣。你在尋找終身伴侶時，會希望另一半能讓你感到自在，讓你表現出自己最好的一面，在不如意時仍能滿面春風。首先，請取消訂閱所有時裝雜誌、時尚部落格、快訊和通訊錄，雖然這樣做一開始也許會有些不習慣。

你應該在不受他人影響的情況下，去獲得風格和品牌的資訊；至少在研究自己的品味時，必須排除外在影響。找出自己的「獨特風格」是一個很漫長的過程。雖然這是一條漫漫長路，一路上也有很多趣味。我們就一起上路吧！

你的時尚身分

如果衣服只是用來禦寒的，人們也許會一直穿同一件衣服（如果真是如此，那我要一直穿睡衣）。但衣服具多重的意義和象徵功能，如果某人的褲管或袖口長了一吋，都可能造成巨大的差異。他可能因此被認為穿得很得體或失態，也許還會被認為是瘋子，或被當成危險人物。

要是你不相信，不妨想像一下，如果你在地鐵中看到一位中年男人，他穿著西裝，褲子卻只遮住小腿的一半。這時你會想，他是不是穿錯褲子了？這是最新流行的款式嗎？他瘋了嗎？還是他要去參加化裝舞會？你也許會仔細觀察他的舉動，從中尋找蛛絲馬跡。他的穿著已違反了社會常規。

但要如何穿才不會讓人覺得怪異呢？

說到個人風格的建立，我會盡可能穿得「平凡」，免得被別人當成危險人物。在「平凡」的大原則下，再小心挑選自己的風格，穿想穿的衣服。對自己的個人風格感到困惑時，我就會想想我的朋友班的例子。

我的朋友班．夏爾斯（Ben Shires），是個年約三十歲，高瘦黝黑的男人。班平常穿的是訂做的花呢夾克、小背心、古董錶、領帶別針和牛角框眼鏡。他的頭髮上了髮蠟後，活像是老牌歌手巴迪．霍利（Buddy Holly）穿越到古裝劇《唐頓莊園》（*Downton Abbey*）的模樣。

為了融入朋友圈，最初班必須和朋友一樣，穿著青少年最喜愛的慢跑服。但某次他突然想到，他是蒐集郵票、老明信片和化石的愛好者，他的興趣和愛好非常與眾不同，但他的衣服卻無法反映出他與眾不同的特質。

還好有人給班一個很棒的建議，他也一直遵循著這個建議：「為了別人改變自己時，你就失去自我了。」現在班只穿他覺得有趣的衣服，也因此展現出別具特色的個人風格。

班的說法是，如果你只是一味追隨時尚，往後回顧時就會發現，自己在十年前或五年前的穿著很落伍。因為時尚的目的就是讓我們覺得落伍。

他接著說：「我和主流時尚已分道揚鑣，因此沒必要改變。如果你盲目地追隨潮流，就無法清楚看出自己穿什麼才好看，你只是在追逐一時的風潮，而這種風潮未必會適合所有人。如果發展出自己的風格，就不必受時尚擺布了。只要我把身材保持好，就能把現有的衣服穿上一輩子。」

我問班：「如果我施展魔法，讓地球上的所有人消失，這時你還會保持相同的穿著嗎？」

他笑著說：「當然會。就算在四下無人時，我仍然會保持著相同的打扮，而且會花上相同的時間和精力。因為我覺得**衣著不只是衣著，它更是一種心境。衣著代表的是你和自己的共處之道。**」

我和班討論到時尚是否能表現出個人特質時，意見卻出現有趣的分歧。他認為他的穿著方式，不但表現出他的個人風格，也能讓他找到自我。

但他也說：「我們對衣服代表的意義有很多誤解。舉例來說，有些人會以為我太注意自己的穿著，因此一定沒有灑脫不拘的男子氣概，也不會喜歡足球。這種推論真的很離譜，因為我是足球電視節目的主持人。」

他的這番話讓我想到，衣著確實能左右別人對我們的觀感，但要說到某人的愛好或人品，這些都是無法從衣著看出的。

舉例來說，我們無法從衣著判斷某人是否是忠實的朋友、愛護子女的父母，或能否讓我們感到幸福。

雖然很多事無法由衣著判斷，但它具有兩種強大的功用。它代表著我們希望留給別人的印象，和我們想在世界上扮演的角色。

因此我說大家都該學班的穿衣哲學，指的並不是要你和他一樣穿小背心。而是班已經找到自己的形象，這個形象最能反映出他的特質，和他在生命中扮演的角色。

以下的作業應該也能幫你找出自己的形象：

找出你的時尚身分

這項作業的目的，是讓你能買到符合你的個性和價值觀的衣服。以下有一串人格特質。請在一到五中挑一個數字，代表你想到達的程度。

舉例來說，如果你希望別人覺得你非常平易近人，就選一；還算平易近人，就選二。如果你不希望別人親近你，請選三。如果你希望別人覺得你略微難以親近，請選四；非常難以親近，請選五（你要選擇的是你希望的樣子，而不是你認知的別人對你的觀感）。

人格特質

平易近人——難以親近
外向——內向
鄉土味——都市人
勇於冒險——安全第一
反傳統——保守派
無拘無束——謹言慎行
活潑——冷靜

女性化——男性化
現代——傳統
高科技——自然
奢侈——節儉
強悍——柔弱
兇狠——甜美
野心勃勃——逍遙自在
拘謹——輕鬆
老成持重——年少輕狂
性感——理性
我行我素——庸庸碌碌

請忽略你回答「三」的特質，因為那些特質並不突出。接著把結果列出。就以我自己為例，我的人格特質分析結果是：

非常平易近人、略微內向、非常女性化、略微傳統、略微強悍、略微野心勃勃、略微輕鬆、略微性感。

最後請檢查你的所有衣服，看看這些衣服是否符合你希望的形象。在你的所有衣服中，不可能每一件衣服都符合全部特質，但你可以藉著衣服營造出你期待的形象，或在某些場合加強這種形象。舉例來說，我覺得我的衣服缺乏自然和強悍的味道，也許我就該買件皮夾克或鮮豔的運動外套。

穿著必須符合你扮演的角色

凱特林．莫蘭（Caitlin Moran）是我最喜歡的作家之一。她在《如何當個女人》（*How to Be a Woman*）一書中說：「一個女人說『我沒衣服穿』時，她指的其實是『我找不到適合在今天穿的衣服』。」

如果你翻看衣櫥後，發現自己「沒衣服穿」，也許是因為你並沒有好好想過，你在生活中扮演了哪些角色，和你必須有哪些「戲服」才能扮演好這些角色。因此，請你列出自己在日常生活中扮演的角色，依最常扮演到最少扮演的順序列出。如果你覺得必要，請註明在扮演那些角色時，你期待人們如何看待你。以下就是我自己的一些例子：

- 在小屋中寫作的瘋狂作家（完全沒有人看到我）。
- 新創公司的總裁（能幹又充滿希望）。

．和朋友出遊的女生（體貼又令人愉快）。
．和先生在外共進晚餐的太太（火辣）。
．活動的演講者（有啟發性，讓人印象深刻）。

現在請你查看自己所有的衣服。你在扮演各種角色時，都有適當的服裝嗎？各類衣服的數量，是否和你扮演各種角色的頻率成正比？如果有一、兩套服裝能同時應付扮演多種角色的需求，那就更好了。

除了讓我們扮演好自己的角色外，我認為時尚還有一項功能，那就是當我們穿對衣服時，也會對自己另眼相看，能力甚至也因此提升。

衣著不僅是能摸到、看到的實體，它還具有強大的象徵力量，具有咒語般的魔力，讓我們化身為我們希望變成的人。

凱倫．潘（Karen Pine）教授在她二〇一四年出版的《注意你的穿著》（*Mind What You Wear*）中談到，她從一系列的實驗中發現，學生在穿上超人的衣服時，考試的表現變得更好了；學生穿上白外套之後，頭腦也變得更加靈活。她還列舉出衣著能對我們造成的各種影響，其中包括：

有些服飾能產生畫龍點睛的效果，讓你顯得與眾不同，連你自己都會覺得自己很特別。

如天空藍或陽光黃等天然色，能讓人精神振奮。

寬鬆舒適的衣服能讓我們覺得充滿勇氣。天然紡織品則比合成布料更能撫慰人心。

好玩的圖案能讓心情開朗起來。

總而言之，你必須牢記的是：挑選衣服時不是要挑好看的，而是要挑符合自己時尚身分的衣服。

也許你會覺得很麻煩，要花很多時間尋找能符合自己體型的衣服。但你只需要辛苦一次，從此就不必在瞬息萬變的潮流中隨波逐流了。

量身打造

我在挑選結婚禮服時，才了解到衣服款式有多重要。我穿上某一款禮服後，顯得笨手笨腳，舉步維艱。穿上另一款禮服，則顯得高雅端莊，連我自己都沒想過我穿上禮服會這麼漂亮。

在過去，人們會帶著布料去找裁縫師，希望對方能打造出我們的理想身型。現在我們很少這樣做了，也很少人會了解自己最適合什麼剪裁樣式。如果你也是其中之一，現在就請開始了解自己的身型。

找出自己最適合的款式

- 請到你能找到的最大的服飾店。在進去前，你必須知道這次並不是來買衣服的。
- 試穿各種樣式的衣服。盡量挑選單色的衣服，免得因圖樣而做出誤判。
- 現在請根據下列表格，從一到五分記下每種剪裁的分數（如果你發現其他剪裁樣式，也可以自行添加）。
- **領口和衣領**

傳統衣領（帶扣衣領）
圓角領
一字領
狗耳牌罩衫
掛頸式上衣
中式立領
高圓領
低圓領

披巾領罩衫
無袖
展開領
方領
高一字領
低一字領
心形領
套頭高領
高V領

低V領

・袖長和形狀

披肩袖
喇叭袖
長袖
寬鬆袖
短袖
細肩帶
七分袖
緊臂袖
背心

・腰線

高腰線
低腰線
中腰線

・服裝款式

束腰
蓬鬆
遮腰
合身的精緻剪裁
緊身

・夾克和外套

披肩
短外套
雙排扣西服
風衣外套

粗呢大衣
長夾克
中短夾克
機車夾克
厚呢短大衣
公主洋裝
棉襖
水手服上衣
短夾克
簡單開襟西裝外套
窄肩外套
西裝外套
風雨衣
寬肩外套

· **裙子模式**

A字裙
及踝裙
前短後長中長裙
垂摺裙
喇叭裙
及膝裙
及地長裙
魚尾裙
過膝長裙
迷你裙
百摺裙
鬱金香裙

· **牛仔褲或褲子的樣式**

小喇叭褲

喇叭褲	緊身褲
高腰褲	中腰褲
低腰褲	直筒褲

現在請看看得分最高的款式，做為以後買衣服的參考。也許你穿上很多款式都很漂亮，但請做個筆記，記下讓你看起來最漂亮的款式。如果你在買衣服時就知道，你要買的是及膝的心形領口喇叭裙洋裝，就能省下很多時間。

你的個人色彩

世上最棒的顏色，就是最能襯托你的顏色。

——可可·香奈兒（Coco Chanel）

你可以花錢請色彩分析師幫你挑選你的個人色彩，一九八〇年代有很多人都是這樣做的。但你也可以自己找出最適合你的顏色。

到一家大型服飾店，盡量挑選不同色彩的衣服，找個燈光充足的地方，把衣服搭在身上，並為這個色彩的效果評分。如果選到適合你的色彩，你將顯得容光煥發，眼睛也會變得炯炯有神。適合的顏色會讓大家注意到你，而不是注意到顏色。

如果你沒錢逛街，也可以在家裡找出最適合你的顏色。請利用自然光，站在白色的背景前，把頭髮放下，接著拍一張清晰的臉部特寫照。將照片上傳到你的電腦上，再為它換上各種不同的背景色。

請在筆記中記下哪種顏色最能襯托出你的臉孔。

打造一座膠囊衣櫥

少買一點，挑仔細一點。

——薇薇安．魏斯伍德（Vivieene Westwood）

既然你已經找出自己的時尚身分和最適合你的色彩，接著就可以開始打造一個專屬的「膠囊衣櫥」。

如果要到某個地方住上兩週，在那裡工作和遊玩，而當地的天氣多變，因此不能常洗衣服，你會在行李箱裡打包哪些衣服？這些衣服就是你的膠囊衣櫥。

我曾問過班．夏爾斯，大多數人在買衣服時會犯的錯誤。他說：「我覺得很多人買衣服，都只是為了應付某個場合，因此最後衣櫥就塞滿了一堆沒用的衣服。」在打造膠囊衣櫥的過程中，你會變得深謀遠慮，做出面面俱到的決定。這並不是說你一定要穿得很平凡或樸素。精挑細選打造而成的膠囊衣櫥，應該也會極具個人風格，讓你在打開衣櫥時覺得快樂和幸福。

有了這個衣櫥，你就不會崇尚物欲，不會再煩惱沒有衣服可穿，搭機旅行時行李當然也不會超重。

打包測驗

- 請拿出一個行李箱開始打包。
- 在打包時，你必須考慮到之前作業中，找出的自己的時尚身分和會扮演的各種角色。你必須自問：「這件衣服能呈現出我的個人特質，和我理想中的外在形象嗎？」
- 只挑選你首先會挑的衣服，尤其是那些能一物多用的衣服。
- 想想哪些衣服可以在不同季節互相穿搭。

這個行李箱就是你的膠囊衣櫥雛型。

請看看你的衣櫃和抽屜剩下的衣服，想想它們是否值得留下。我們不該亂買東西，也不該亂丟東西。在丟東西時應該想好充分的理由，這樣你就會記取教訓，約束自己以後不要犯下類似的錯誤。舉例來說，「這種布料會讓皮膚發癢，或留下汗漬。」、「這件衣服騎自行車時不能穿。」

如果你在首次篩選後，仍想繼續讓衣服減量，並充分利用保存下的衣服，不妨把現有的衣服一直穿到不堪使用，在你的衣服總量減少到方便管理的範圍內之前，都不要再添購新衣服。

未來的購衣計畫——你的風格速查表

接下來還要添購一些衣服，才能把膠囊衣櫥布置齊全。以下就教你精挑細選的一些方法：

首先，請你在膠囊衣櫥中挑出幾件「戰袍」，也就是穿上它們後，會覺得自己充滿自信又很迷人的衣服。

請在筆記中記下它們讓你喜歡的地方。如果你喜歡它的顏色，以後就挑選同色以及能和這種顏色搭配的衣服。如果你喜歡它的剪裁，以後請挑選相同剪裁或能和它搭配的樣式。

接著，依據你從前幾章學到的事，在谷歌圖片上搜尋「洋裝」或「褲子」之類的關鍵詞。蒐集五十張你在平日或特定場合可能會穿的衣服圖片。根據這些圖片回答以下的五個問題，以便建立你的「風格速查表」：

一、你挑的衣服以哪些顏色為主？這些顏色是否和你在之前作業中找出的個人色彩相同？它們就是你的核心色彩。

二、所謂中性色，就是黑、白、棕和藍等顏色。哪些中性色能和你的核心色彩搭配？

三、所謂強調色，就是鮮豔的顏色；這些顏色請盡量少用。哪些強調色是你特別喜歡的？

四、你喜歡哪種圖樣和印花？這些圖樣的衣服能反映出怎樣的心情？放鬆、輕浮、愉快，還是浮誇？

五、你的衣服有特定的年代風格嗎？你能找出它們代表的文化嗎？例如波西米亞風、爵士風、搖滾風、龐克風、學院風、流行文化、古典風和現代風？

把這份速查表儲存在手機或筆電裡，去購物時請務必帶著它。

打造你的膠囊造型室

請先蒐集你所有的鞋子，包括放在門前的鞋、已經被束之高閣的鞋、床下的鞋，還有莫名其妙掉在貓窩裡的鞋，針對下列的幾種場合，各選出一雙你最喜歡的鞋：

・海灘度假。

‧冬季假期。
‧冬天日常。
‧夏天日常。
‧冬天正式場合。
‧夏天正式場合。
‧夏天工作場合。
‧冬天工作場合。
‧夏天運動。
‧在家休息。

以上就是你的核心鞋群，如果要多加入一、兩雙鞋也無妨，例如登山靴。核心鞋群中的每雙鞋都必須有它獨特的功用。它最主要的功用就是在特定場合中派上用場。此外，它的款式也必須適用於不同用途。說到品質，那當然是愈高愈好。

現在看看那些沒被挑中的鞋子。在其中找出你一年內都不會再穿的鞋子、穿得不舒服的鞋子，或是多雙同款鞋子中你較不喜歡的，把這些鞋丟掉。如果有你喜歡卻受損的鞋，請把它們修好。

最後把鞋子膠囊放回衣櫥，好好欣賞。

● 配件

一件精心挑選的配件可以烘托出你獨特的風格，甚至能成為你的正字標記，讓別人一眼就認出你來。

我出門時總會戴上珍珠吊墜項鍊，我的一個朋友總是戴著一頂軟呢帽。這些小東西能發揮畫龍點睛的效果，讓你更有整體感。這些配件代表你很在意你的外貌，也費了一番心思呈現出自己最好的一面。

如果你想讓配件能使用得更長久，那不妨去購買最頂級的配件。以下是你的膠囊衣櫥可以蒐藏的配件：

- 耳針式鑽石耳環。它永遠不會過時，而且很堅固耐用，就像鑽石一樣。就算遇上末日浩劫必須以物易物時，它也會是很搶手的物品。
- 一頂舒服的針織保暖帽或毛雪帽。它們能保暖你的耳朵。
- 準備一頂高級棉帽就不用怕中暑。市面上的一些棉帽也有終身保固。
- 一條土耳其沙灘毛巾。它可以做為披肩、圍巾、毯子、袋子、布裙和毛巾，在冬天和夏天度假時都很適用。
- 黑皮帶的用途很廣。很多一流皮件品牌都有長期保固。

・一把有終身保固的輕便摺傘。
・一個深色手提袋。這種手提袋愈舊會愈好看，也能裝你每天要攜帶的物品，而且每天背上幾小時也不會嫌重（第十一章有關於手提袋品質的詳細介紹）。

●工作制服

創意總監瑪蒂爾達・卡爾（Matilda Kahl）四年來每天工作時都穿著同一款衣服。這樣不但能讓她省下很多時間和金錢，也使她不必為這種瑣事傷腦筋，全心在工作上發揮創意。此外，她每天早上也省了挑衣服的困擾。

一些世界上最有想法的人都只有一款工作服，這樣他們才能全心思考重要的事。史蒂夫・賈伯斯（Steve Jobs）最有名的事蹟之一，就是他買了一百件三宅一生的套頭羊毛衫，他一輩子都不必為穿什麼而煩惱。

馬克・祖克柏（Mark Zuckerberg）的灰運動衫和連帽外套已成了他的招牌。但工作制服未必要很單調。皮克斯（Pixar）的創意總監約翰・拉薩特（John Lassereter）每天都穿著鮮豔的夏威夷衫。

該如何挑選工作制服呢？

挑選工作服時，要考慮下列幾個因素：

你在工作中最正式和最隨興的場合為何？

它對你的工作是否實用？你的工作包括哪些肢體動作？你必須長時間站立嗎？你在工作中是否會過熱或流汗？你在工作結束後會直接去社交嗎？

你想讓同事留下怎樣的印象？如果你有中意的工作服，請先買一套就好，穿幾次後再決定要不要多買幾套。

如果想有些變化，也可以買不同顏色的工作服。一旦確定工作服的款式，就在經濟能力許可下買最好的那種。至於該如何判斷工作服的品質呢？我在第十一章會繼續介紹。

讚美的用處

人們常會互相讚美彼此的衣服，這比讚美他人的個性簡單多了。但最近我才發現，我最要好的朋友，都是那些我曾誠心讚美過他們個性的人。我第一次遇到某位密友時，就脫口對她說：「能和你做朋友一定很棒，因為你從不看電視。」

讚美別人的個性，會比讚美他們的物品更讓人高興。下次你想讚美某人的服裝時，不妨試試讚美他們的某些特質，看看會有何結果。

第六章 購物天性——頭腦如何左右我們的購物行為

我曾在環保購物袋上看到一個標語：「購物是人類的天性」。這句話說得一點也沒錯。人生來就喜歡購物，計畫性報廢和廣告的推波助瀾，更助長了我們購物的欲望。

但在這一章我要教大家的是，如何對抗與生俱來的購物欲，找出自我的價值，而不是以我們擁有的東西界定自己。唯有認清自己真正的價值，才會得到真正的快樂。

愛購物的大腦：將奢侈品變成必需品

一個人在剛出生時，只要有空氣、水、食物、還算舒適的環境，再加上良好的人際互動，就能過得很快樂。如果把一個今天剛出生的嬰兒，傳送到遠古時代的穴居人家庭，這一家人也會過得和現代人一樣快樂和充實。

然而，現代文化卻重視消費，人類大腦也有購物的怪癖，這兩者一搭一唱地讓我們以為，必須擁有多到用不完的東西才會快樂。

大腦能藉由兩種方式影響我們的購物習慣。

第一種就是大腦特別喜歡新東西。幾百萬年前，人類的祖先還在演化時，察覺新事物的能力是存活的關鍵。他們必須察覺危險或新的食物來源。

大腦影響購物習慣的第二個方式，是當我們在熟悉某項事物後，灰質通常就會對它視而不見，免得大腦要處理過多資訊。這就是我們喜新厭舊的原因。

在遠古時代，人們不會去注意他們已經很熟悉的岩石或長毛象，免得把腦力用盡。這是項很有用的本事。如此一來，人們才能利用保留下的腦力去獵捕或照顧嬰兒。

但這種本事到了現在卻有些副作用，讓我們很容易受到新潮流的影響，很喜歡買新東西，也很快就會把新奇的產品視為必需品。對於那些能持續使用很久、能讓我們有不同體驗的東西，反而不屑一顧。這些東西包括吉他、傳家寶物、鍋子或能讓你開心兜風的汽車。

我在第二章中花了很多篇幅，討論克莉斯汀．弗雷德里克。她在一九三〇年代，鼓勵製造商將奢侈品宣傳成必需品。

大腦喜新厭舊的特性，也讓這項宣傳進行得很順利。爐具在一九〇〇年還被視為奢侈品，只有百分之十的人擁有這種設備。到了五十年後的一九五〇年，它已成了一項必需品，擁有者占人口的百分之八十。微波爐則只花了十年的時間，就從奢侈品變成必需品。

除非我們特別留意，不然很難察覺在短短一年內，就有大批奢侈品已成了冰箱般的必需品。這種窮奢極侈的風氣愈演愈烈，但我們仍可以設法扭轉這種趨勢。

必需品

請你在本週花點時間，好好看看每天使用的物品，在每件物品前花一分鐘，閉上眼想想沒有它後，生活會變得怎麼樣。請想想如果你沒有下列物品，該如何繼續生活：

手機、電腦、冰箱、電視、汽車、爐具、烤麵包機、水壺、咖啡機、淋浴設備……

我之所以會把淋浴設備加在這個清單裡，是因為有天我站在蓮蓬頭下時，正好想到萬一自來水和淋浴設備都消失了，那我會怎麼樣。這樣我就要自己去打水和燒水才能洗澡了。想到這裡，就覺得能讓溫水淋在身上真是太幸福了，我離開淋浴間時，心裡還充滿感激。

為了彰顯身分而購物

幾年前，我到香港去看父母時，發現我的潤膚乳用完了，便到藥妝店逛逛。那裡的藥妝店和世界各地的大多數藥妝店一樣，陳列著琳瑯滿目的乳霜和乳液。但在成排的商品中搜尋時，卻很難找到不含美白成分的潤膚乳。

華裔女性似乎總希望自己的膚色愈白愈好。英國婦女以前也是如此。伊莉莎白一世最讓人津津樂道的事蹟之一，就是喜歡用鉛粉把臉敷得一片慘白，最後還因此中毒身亡。

你可以藉著雪白的肌膚昭告世人，你是個有錢有閒，不必下田工作的貴婦。也就是說，你的身分遠高於那些要辛苦耕作的農婦。

在一九二〇年代，這種潮流卻有了變化，當時只有窮人會在不見天日的工廠工作，有錢人才能出國在豔陽下度假。

可可．香奈兒曾在坎城被曬傷，從此掀起「美黑」的熱潮；現在美黑在西方已發展成一項商機無限的產業。但在中國，婦女每年仍要花上三十美元讓自己變得更白。

不管是美黑或美白，那都只是彰顯地位的一種手段。著重地位並不是現代人的專利。當人類剛演化為人類時，他們生活在由家族構成的小聚落中。在這種聚落，大家都必須知道每個成員的力量，以及能和哪些人結婚生子。

遠古人類之所以重視地位，是因為地位可以反映出某人的力量、聲望和智力，而這三項因素就是你是否能順利找到配偶和傳宗接代的關鍵。

如果有個嬰兒生來就很虛弱，那他很可能會受到忽視，這樣另一位嬰兒才能獲得更多資源，並有更高的生存機會。

在遠古時代，不受歡迎或許就意味著死亡，被聚落掃地出門，得不到幫助、照顧和食物。這也難怪社會地位是影響人類行為的最重要因素之一。

別人冒犯我們時，我們之所以會生氣，並不是因為受到肉體上的傷害，而是我們的地位遭到質疑。這時我們原始的恐懼感又被挑起了，也就是害怕失去地位而招來死亡。

各大廠商也許並不了解這種恐懼感，但他們在推銷商品時，利用的就是這種恐懼感。如果上網搜尋高價品牌的廣告，會看到很多模特兒盯著鏡頭，眼神充滿了高傲和不屑，甚至流露出絲絲兇光。在現實生活中若遇上這種死盯著你的人，你一定會覺得他們很沒禮貌。他們確實是很沒禮貌。這些模特兒之所以會露出這種表情，就是要讓你懷疑自己的社會地位，把他們當成更高等的人，這樣你就會下意識地想擁有他們擁有的東西。

然後……你就上鉤了。

人類和很多近親動物都一樣，對地位非常執著。我曾看過一場很奇怪的實驗，在那場實驗中，猴子為了能看到猴群中地位崇高的猴子的照片，甚至願意放棄每天配給的果汁。但牠們寧願看著一張空白的灰色方形紙片，也不願看低級猴子的照片。

人類的名人文化其實也是一樣。我們會在媒體上瘋狂追蹤名人的動態，但他們並不知道我們的存在，而且就算他們知道，對我們也毫不在乎。

雖然如此，他們對我們仍是高高在上的存在。這麼說來，八卦雜誌能夠暢銷，多少也要歸功於演化。

每個人都希望被他人視為理想的性伴侶，這是人類最基本的欲望。在這種欲望的驅使下，我們常會藉著購物自抬身價，這種現象在青少年中尤其明顯。

有項研究指出，在開始尋找伴侶時，男性會花大錢買「地位附屬品」，女性則會買能讓她們顯得更親切和更有愛心的東西。

行銷人員都知道這種本能，也會透過精心策畫的行銷策略，利用這些本能獲利。當然了，廣告不會開門見山地說：「這項產品會讓你變得更性感。」廣告只會讓你把他們的品牌和異性緣聯想在一起。

他們會營造成好像在提供我們一個可以變得更有異性緣的祕方。我們的潛意識會來者不拒地接受這些暗示。

當我們買某樣東西時，雖然不會在口頭上承認自己是為了吸引伴侶，但潛意識仍會驅使我們去購買。

各大公司會利用精心規畫的行銷手段，讓人們相信只要按個按鍵、刷一下信用卡，就能把自己變得更好、更有地位。

人類的頭腦仍停留在人猿階段，因此很難抗拒這種誘惑。但我們仍必須抵抗這種誘惑，因為世上沒有任何產品能讓你變得更聰明、更有錢或更有趣。

你的意識很明白這個道理，但你的潛意識卻很容易被行銷策略蒙騙。因此，請跟著我一起大聲說，但不要驚嚇到旁人：「我就是我，我不會因為某個產品而變得更好或更糟。」就算我奪走你的一切，或讓你擁有世上所有的產品，你還是原來的你。

傑佛瑞．米勒（Geoffrey Miller）是《不得不買：購物行為背後不為人知的本能》（*Must-Have: The Hidden Instincts Behind Everything We Buy*）的作者。如果你仍認為自己擁有的東西能抬高身價，那麼不妨聽聽他的說法：「數百萬年以來，人類已發展出很多有效的方法，透過各種天然的社會行為，向其他人展現出我們的心理和道德特質。這些社會行為包括語言、藝術、音樂、寬容、創造力和意識形態。」

你或許覺得在亞馬遜購物網買禮物送人，就能輕易地讓他人肯定自己的價值。但不妨試試唱首歌給孩子聽、和鄰居討論一些有趣的話題，或是創造一些東西。這些才是讓你獲得他人肯定的最佳方法。

時代和地位

我寧願坐在勞斯萊斯裡哭泣，也不願在自行車上歡笑。

——佩翠西亞．芮吉亞尼（Patrizia Reggiani，古馳第三代掌門人毛里齊奧．古馳〔Maruiio Gucci〕的前妻。）

藉著購買昂貴物品自抬身價，在時裝界已是司空見慣的事。這也沒什麼好奇怪的，因為衣服就是穿給別人看的。時尚品牌會無所不用其極地維護品牌的身價。Abercrombie & Fitch（A&F）旗下的霍利斯特（Hollister）連鎖店，只販售最大尺碼為六號的服裝。不可思議的是，人們對他們的商品反而更趨之若鶩，因為他們想證明自己是「走在潮流尖端的骨感小子」。

有個令人震驚的現象也和地位有關：很多設計師精品店都寧可燒毀或銷毀庫存，也不願把這些服裝打折拍賣或捐給慈善團體。

倫敦時尚學院（London College of Fashion）的時尚傳媒總監布蘭德．波拉（Brenda Polan）的解釋是：「大多數品牌擔心的是，以原價購買商品的客人花大錢去開發中國家度假時，發現蒙巴薩島（Monbasa）或里約（Rio）貧民窟的婦女也穿著和他們一樣的服裝。」

很不可思議吧。

我們先在此暫停，想像一下，如果那位以原價購買的顧客到了蒙巴薩島或里約，看到有位窮女人穿著和她一樣的洋裝，情況會變成如何呢？

這位貴婦正坐在豪華觀光吉普車的後座，穿過塵土飛揚的道路。她瞇起眼睛，皺著眉頭，把名牌眼鏡拉低，然後深深吸了一口氣。

那位住在浪板屋的精瘦婦女，正在把塵土掃到屋外。她居然穿著本季當紅的淡綠色連身裙洋裝。這會有什麼後果呢？女遊客應該會覺得她的世界崩潰了吧。她穿了這件當紅洋裝，正覺得洋洋得意，但貧民窟裡的掃地婦女居然也穿著一模一樣的洋裝。更讓人無法忍受的是，這位掃地婦人穿起來比她還好看。也許是因為她連吃都吃不飽了，因此衣袖看起來也格外飄逸。

貴婦只覺得這套名家設計的洋裝，一點也襯托不出她高人一等的氣質。既然它不能讓你得到更多的讚嘆、愛戴和尊敬，也不能帶來優越感，那當初為何要買下它？

那些精品品牌也知道，他們只是有錢人自抬身價的手段，因此也會努力保護品牌的形象。

然而，如果能遵守精挑細選的原則，我們買衣服時考慮的就不是自抬身價，而是衣服的外觀和美感，或是為了支持某個有正確價值觀的品牌。懂得愛物惜物的人，看到窮人和他穿著一樣的衣服時，並不會覺得那有什麼好丟臉的。不但如此，他們還會對那位窮人產生惺惺相惜的感覺。

奢華品牌必須「保護以原價購買的客人」，和他們「唯我獨尊」的權利，這樣各大品牌才能繼續以高價賣出商品。

那些客人之所以能享有「唯我獨尊」的光環，也是因為只有他們才花得起這種錢。但在我看來，就算我們想保護自己脆弱的自尊心、想滿足對地位的渴望，也不該喪失對人的同情。流行品牌如果不想和歷史潮流背道而馳，最好要快點改進。

對盜版名牌的一些感觸

我在香港生活一段時間後，對仿冒品已見怪不怪了；有時甚至還有購買仿冒品的衝動。但現在我想到仿冒的設計師商品時，終於了解它真正的意義：那只是用來虛張聲勢的虛假物品。

或許你覺得買仿冒品也無傷大雅，人們之所以買仿冒品，也只是為了彰顯自己的價值，但是，仿冒品真的能肯定你的價值嗎？你會戴上假獎章嗎？如果你對某個設計師品牌的價值和品值深具信心，覺得它的商品貴得很有道理，那你就該存錢去購買，合法地取得它。如此一來，這些品牌才經營得下去，繼續延續你相信的價值。

如果你是地球上碩果僅存的人

如果地球上的人都消失了，只剩下你一個人，你會穿些什麼？你會怎麼生活？你會覺得什麼是重要的、什麼是不重要的？請用力想像一下。

好好思考這個問題後，就會更清楚地看出，你買東西是為了自己本身，還是為了炫耀自己的地位。

我對幾十個朋友提出過這個問題，幾乎所有人都說他們會穿得舒服一點，「就像在產假時穿的一樣」。

幾位朋友說他們會挑剪裁和手工都很棒的衣服，而且會繼續穿高跟鞋，這樣才會讓自己更有活力。有些人則說他們什麼都不想穿。

我是絕不會在世界末日穿婚紗的。

但為了社會的其他成員而購物，或藉著購物來彰顯地位，這也不是什麼壞事。雖然如此，仍必須記住，你買的衣服只是身外之物，如果不想隨波逐流，你也有反抗的權利。

你該如何判斷，自己是不是為了彰顯地位而購物？

你會為了讓自己快樂而買一些東西，例如一雙好穿的拖鞋、一張好躺的床墊，或一本有趣的書。但我相信我們買的東西中，有些只是為了給別人看的，例如一雙名家設計的鞋子，或一支花俏的手錶。

你或許會抗議：「怎麼可能？我買那些東西也是為了讓自己高興。」該如何分辨我們是為自己而購買，或是為了自抬身價而購買？可以從下一項的作業中思考這個問題。

為了面子購物

我們常會為了自抬身價而購物，原因不外乎是怕丟臉，怕跟不上潮流，或不想別人蓋過自己的鋒芒。

羞愧是一種很令人討厭的感覺，但它也是早期人類發展出的一項利器，能預防很多反社會行為，如偷竊、打架和上廁所不沖水。因此我也很支持它的存在。

羞恥確實有其存在的必要。

但如果我們想自行決定要買什麼，對某些事就不該感到羞恥。

向羞恥說不

請列出一個清單，記下你在購物時不該為什麼感到羞恥。為了幫助你思考，以下是我拒絕感到羞恥的事項：

- 我不會為了沒有最新的小玩意而感到羞恥。
- 我不會為了擁有自己喜歡，別人卻沒有的東西而感到羞恥。
- 我就算把同一套衣服穿了兩百次，也不會感到羞恥。
- 我不會因為給孩子買的東西比其他父母少，而感到羞恥。

請你大聲對自己說出這些承諾。

如果你覺得需要有個見證者，你也可以對你的貓說，就像我一樣。

請記住，這都是你有意識的選擇，而且你也有充分的理由做這些選擇。羞恥感是與生俱來的，因此你必須在感到羞恥時，想辦法和它對抗。

為了強化你的信念，你也可以把讓你感到羞恥的事，變成讓你引以為傲的事。你可以用「我很驕傲」來造些句子：

- 我很驕傲我能好好珍惜物品，不會暴殄天物。
- 我很驕傲我不必看別人臉色穿衣服。我對我的穿著很滿意。
- 我很驕傲我會教孩子要愛物惜物。

不必購買，也可以獲得地位和價值

地位對人的影響極大。不管實際收入有多少，我們的社會地位愈高，活得也就愈久。但其中還有一個重要關鍵。

平均壽命專家麥可．馬穆（Michael Marmot）發現，影響壽命長短的因素，並不是我們在別人眼中的地位有多高，而是自己認定的地位。

如果我們覺得自己很重要，活得很有價值，和別人相比也不會自慚形穢，這樣就算自己不是什麼大人物，也能活得很久。

我們無法左右其他人的想法，也不能強迫別人給我們更高的地位，但我們可以決定對自己的觀感。只要坐在沙發上重複念著「我很重要」，就會覺得自己真的很重要。

但如果能對別人的生活有正面的影響，我們的潛意識也會更相信自己的重要性。

我們之所以覺得別人重要，是因為他們會帶給我們歡樂、有趣的訊息、援助、建議、美、想法、冒險、支持、樂趣和鼓勵。

值得慶幸的是，如果我們能帶給其他人這些事物，他們同樣也會覺得我們很重要。

如何讓親朋好友覺得你很重要

要讓親朋好友覺得你很重要，這可比我們大多喜歡的娛樂困難得多。但從我做過的所有研究來看，施予者才會得到最大的快樂。

· 請列出你的親朋好友名單。也就是那些可能會參加你的葬禮的人。

· 請列一個清單，說明你在能照顧好自己，又不必打劫的情況下，能對這些人做出哪些正面影響。你能如何為他們提供歡樂、有趣的訊息、援助、建議、美、想法、冒險、支持、樂趣和鼓勵？

請發揮你的創意。你可以首創一項新穎又有趣的家庭傳統嗎？能發明一種滑稽的暗號嗎？能定期抽空打電話給某個親戚嗎？能幫忙整理好友的房間嗎？能給你的愛人一個驚喜嗎？請承擔起某一項責任。

抽空去了解大家的希望是什麼，並讓他們知道你會全力支持他們。

不管我們處在人生的哪個階段、不管我們目前的處境如何，我們都能對其他人的生命發揮正面影響，獲得他們的尊重。就算你是個又窮又病的人，仍可以和別人分享你的故事、經驗和智慧，並鼓勵別人。在你的幫助之下，他們也會鼓起勇氣面對目前的困境。

當你對其他人的生活產生助益時，自然而然會覺得和親朋好友的關係更緊密了。你會覺得地位變得更穩固，也比較不會為了自抬身價而去買東西。

第二部

過著愛物惜物的生活

第七章 有目的地購物——做個精挑細選的人

現在你已經學會如何不被行銷人員操弄，可以開始過著愛物惜物的生活了。要開始這種生活，要考慮的不只是「現在的你需要買什麼」，而是「在一生之中你最需要什麼」。

沒錯，你要考慮的是「生命的意義」。這會是場艱深的探索，但我會盡全力幫助大家。

我們在終日奔波忙碌之餘，很少會靜下心想，**我們想帶給這個世界什麼？有什麼東西是只有自己才能創造的？**我所謂的創造，未必要和藝術有關。只要活著，就會創造出一些東西。它可以是為家人提供的平靜安全的生活環境，可以是你為別人帶來的歡笑，也可以是一個獲獎的藝術品。但對我而言，這些創造都一樣重要。

你也許已經很清楚自己的人生目的為何。如果沒有，以下的作業也許能幫你找出答案。

發掘人生目的

每個人的精力都有限，不可能樣樣精通。

你想窮一生之力去實現的理想是什麼？你在有生之年最想創造的是什麼？請回答下列問題，並不假思索地寫下答案。

．你上次感嘆時間過得好快是什麼時候？
．你會為了什麼而不惜付出任何代價？
．你小時候對什麼最有興趣？
．如果有必定成功的把握，你最想做什麼？
．有什麼事是你就算沒有成功的把握，也願意去做的？
．你想幫忙解決世上哪些問題？
．有什麼事會讓你得到平靜和力量？

找出你熱愛的事物

雖然要花很長的時間才能完成這項作業，但完成後絕對會獲益良多，所以請耐心做完這項作業。

．請列出你最想去做或嘗試的十二件事，如嗜好、工作和社交活動等。以我為例，我想做的事包括寫作、探險、創立一項事業、當兒童福利志工、騎馬、與親朋好友聯絡，以及參與改革運動。

．現在請每個月全心投入其中一件事。記錄你在做每件事時的感受，和你在那個月的感受。想想你為何會有那種感受。舉例來說，騎馬時你感到和動物的親密互動，學會騎馬而驕傲，或是和馬友在一起的快樂。

．請想想你的愛好和理想，以及你追求的目標和你的價值觀有什麼關聯。

想像自己已經死了

現在要請你為自己寫訃文。或許你會覺得這樣很觸霉頭，但人生自古誰無死。我們該在意的是，該如何利用在這個瘋狂世界的有限時間，做些更有意義的事。

因此請想像你在一百零一歲的高齡時壽終正寢了，並從你某位至親好友的角度寫一篇訃文，再從某位工作或社團伙伴的角度寫一段感言，這個社團也可以是你未來想加入的社團。你覺得他們會怎麼寫？

如果你覺得這樣做太病態，那你也可以為自己寫一篇小傳，包括過去和未來，文長在一頁以內。你可以這樣寫：「從前有個名叫某某的人，他從事某某工作，他的一生過得很精采。」接著再詳述細節。

知行合一

請回頭看看你做過的三個作業，並找出其中的共同之處。雖然你還沒開始全心投入某個愛好，但從你挑選的愛好中，就可以看出你重視什麼。

你對自己一定有更深的認識了，請記下你的發現。

現在請根據你對自己的認識，寫出五句話，說明你的理想和志願。以我的理想和願景為例子，為大家示範。

- 我要盡可能滿足我的好奇心，發掘這個美妙的世界，了解各種不同的觀點。
- 我要努力造福地球和人類。
- 我要利用我的創意，從事藝術創作、寫書和提出新想法。
- 我要和親朋好友建立深厚的關係。
- 我要為我未來的家庭，打造一個幸福和具啟發性的環境。

我知道我正在朝著這些目標努力時，也會過得更自在。如果你在未來一年的練習中，對自己有更深的認識，也可以稍微修改你的目標。因為這些理想和願景，都是你根據自己的核心價值和個人特質找出的，它們應該不會有太大的變化。

如果方便的話，請把你的願景貼在每天看得到的地方。常常改變貼的位置，免得你習以為常後就對它視而不見。請持續這樣做，直到願景深深烙印在你的腦海裡。

你的目標和購物習慣

想要買某個東西時，請問問自己：「它和我的人生目標有關嗎？」在下一章，我會帶大家分析自己所有的物品，那時你也可以想想這個問題。舉例而言：

- 沙發——充氣沙發能讓我和親朋好友交流，因此有意義。
- 更大的電視——電視是提供資訊和娛樂的窗口，但大一點的電視並不能幫助我實現我的理想。
- 一頂遮陽帽——它能在我探索世界時確保我的健康，因此有意義。
- 五頂遮陽帽——它們只會造成雜亂，並不能幫我達到目標。
- 一輛嚴重污染的車——開這種車是很特別的體驗，但卻違反我保護地球的理想，因此我應該找個污染較低的代步方法。

禁得起時間考驗的購物法

報廢有兩種，物理性報廢和心理性。「不過時」也有兩種，一種是物理性，一種是心理性。我在第十一章會介紹物理性不過時，也就是在購買各種商品時必須考量的實用因素，但心理因素也一樣重要。

預測未來是一件很困難的事，這就是電影《回到未來2》（*Back to the Future Part II*）錯得離譜的原因。電影中說二〇一五年飛天汽車會變得很普及。但事實真是如此嗎？

要預測我們未來的喜好就更困難了。

童年的喜好會出現巨大的變化。以我自己為例，我已經不再想要獅子王的羽絨被、電子雞，或小到露出臀部的短褲。但我們在二十五歲後，喜好就會漸漸定型，有些喜好甚至一生都不會改變。請利用以下的作業找出你的喜好。

喜好的共同點

喜好的改變，會讓你在購物之後悔不當初，或是重複購買，造成浪費。為了避免這種情況發生，請你觀察自己過去十年內喜好的變化，並從其中找出不變的因素。特別要注意下列因素：

．顏色、紋理和圖樣——舉例來說，我喜歡的是蛋殼藍綠色，木紋和蕾絲花樣。但我對塑膠就不太感興趣。

．樣式——我喜歡工業風的房屋、雕刻家具、連衣裙和復古風家電用品。

．文化影響——舉例而言，最近十五年我很喜歡奧黛莉．赫本（Audrey Hepburn）、時代劇、新懷舊風格和咖啡館文化。

這項作業應該能讓你在購物時更注意你的喜好。如果你依長久的喜好購買大部分的物品，當你想有所變化時，就能買些小東西，反映出你「隨興所至」的喜好。

品牌價值——品牌能做為精挑細選的參考嗎？

品牌有什麼意義呢？喬雅（Jo Malone）的蠟燭如果換個名字，還會一樣芬芳嗎？品牌的出現，最早是做為品質的保證。這種方法已經延續了好幾千年——古龐貝城的大麵包上印有品牌，以標明它是出自哪家麵包廠。

這種品牌標示是有意義的。人們能藉此知道哪家麵包廠用的麵粉最好，不是用白堊或頭皮屑魚目混珠。

在現代，購買特定品牌商品，已成為人們最愛的表現自我方式之一。但就判斷品質而言，品牌已經不具指標意義。

這是因為品牌在目前代表的已不僅僅是品質。你可以買到兩件相同大小、相同品質和相同剪裁的黑色運動衫，但一件的標價只有七美元，另一件卻要價三十五美元。這兩件運動衫唯一的差別，就是其中一件的胸口有個白色的小污點。

我的一位好友曾一針見血地指出：「現代世界最高明的伎倆，就是利用品牌讓人們掏更多錢買相同的商品。」

我們的老朋友克莉斯汀在一九三〇年就發現這個現象了。但她對此現象卻有不同的解讀。以下就是她的說詞：

「你可以用五百字的實驗分析，向一位有意購買蜜粉的女士介紹產品。但她最後仍會以兩倍的價錢，購買有相同化學成分的法國撲蜜。這是因為有人透過廣告，抬高了這個法國品牌的身價。」

弗雷德里克告訴廠商的重點是，不必提供消費者產品的細節。不管他們的產品是否真的比較好，只要能專注於行銷，就能提高價格。

這對數以百萬計的製造商而言，自然是何樂而不為。

廠商花了數十億美元進行品牌建構。這項策略太成功了，從此只要看到某個品牌商標，我們對它旗下商品的觀感，也莫名其妙地有了大幅變化。在某個實驗中，一群三到五歲的小孩被要求試吃兩種炸薯條，並描述兩者口味的差異。兩種薯條其實是一模一樣的，只是一種以沒有印刷的包裝紙裝著，另一個則被包在麥當勞的包裝紙內。幾乎所有的小孩都說，有麥當勞商標包裝紙裝著的薯條比較好吃。

我之前問過把喬雅蠟燭換個名稱，它還會一樣芬芳嗎？當然會一樣。

我們如果也參加測試，很可能會覺得換個名稱的喬雅蠟燭，比不上有商標的蠟蠋芬芳。我們喜歡的品牌甚至會成為我們身分的一部分。有些研究顯示，當人們喜歡的品牌受到批評時，他們的自尊心也會受到打擊。真是不可思議。

找出符合你的價值觀的品牌

以下的作業將能幫助你利用精挑細選的原則，在常見的品牌中挑選自己要的東西：

・請寫下六項你最重視的價值。如果你還不清楚最重視的價值為何，那可以想像你在挑選終身伴侶時最重視的條件，例如正直和可靠。
・你在挑選物品時也該注重這些價值。
・請想想你目前最愛用的品牌是否符合你的價值觀（你必須做些功課才能找出答案）。
・如果它們不符合你的價值觀，請要求它們改善。

如何處理品牌問題

某研究團隊在二〇一五年指出，我們對某些品牌的喜愛程度，甚至會像我們對知心好友的喜歡程度一樣高。

我認為這些企業如果想贏得人們的喜愛和尊重，不應該靠天花亂墜的品牌形象，而是靠產品本身和顧客服務。如果一家公司不願意靠真正的價值建立品牌，我們也不必購買它的產品，成為它的活廣告。

消費者運動

大品牌必定有大量追蹤者，這也就代表我們對這些品牌可以有更多要求。對他們來說，顧客和潛在顧客的意見是很重要的，至少比那些激進分子的意見重要。請你也使用主題標籤#品牌價值（#brandvalues）發文。我先帶頭示範，在推特上發布有蘋果主題標籤的文章：

Tara Button @tarabutton 5m

蘋果支援服務（@AppleSupport），我是貴公司的顧客，我想請你們加強產品的耐用性，讓地球變得更美好。#品牌價值

如果你有某個喜歡的品牌，也許是它的風格很吸引你，但你又希望他們能提升產品的品質，例如讓產品變得更耐用；或者是你基於自己的價值觀，希望他們的產品能更符合道德要求、永續的精神，請到「終身受用」網站留言，我們會發起活動，實現你的願望。

學習忠誠

本書的主旨之一，就是幫助你了解，有些物品其實很符合你的特殊需求，因此必須好好珍惜那些能讓你受用很多年的東西。

然而，人們對物品的忠誠度已經愈來愈低。商品不斷推陳出新，大家又很怕趕不上潮流，因此我們都變成一群怪人，總是不斷觀望，因為更大、更好的商品將陸續出現。

那我們到底該怎麼做？

暢銷書《梅森罐》（*The Mason Jar*）的作者詹姆斯・羅素・林格費爾（James Russell Lingerfelt）說過，我們決定和某人長相廝守時，必須先問自己九個重要的問題。我徵得他的同意，借用這九個問題做為挑選物品的標準。

忠誠作業

下次想買東西時，請好好把物品當做人，思考以下問題，以決定你是否要和它們「廝守一生」。

・我對他們的認識有多深？（我是否做足了研究，它們是否會有些我意想不到的毛病？）
・我能告訴他們我的祕密嗎？（這個品牌的顧客服務和道德紀錄好嗎？）
・我們相對無言時，是否仍很自在？（如果沒有那些誘人的廣告，我還會覺得這個產品很有吸引力和有趣嗎？）
・我知道這個人會對我造成怎樣的改變嗎？（這個產品和我相配嗎？還是它會讓我變得不像自己？）

- 我是被他們的心和個性所吸引嗎？（這項產品除了實用價值外，對我還有其他的意義嗎？）
- 他們之所以欣賞我，是因為喜歡現在的我嗎？（這個產品能滿足我當下的需求嗎？）
- 他們對未來的願景，和我的願景沒有衝突嗎？（這個產品是否能滿足我未來的需求？）
- 他們是如何對待他們最愛的人？（這個產品的風評如何？）
- 他們是否把滿足我的需求列為第一要務？（這項產品能反映出我的特質和價值觀嗎？或它只是在自吹自擂？）

請記下作業中的這些問題，並在購物時隨身攜帶。

當你選上某個產品後，就要和它長相廝守。

要把購物當成像婚姻一樣重要的事：

「我們就要展開共同生活。從今以後，我們將同甘共苦，互相扶持。你會盡忠職守，我也會好好珍惜你，不會在新款產品一上市，就把你換掉。」

「我現在宣布你和網路電視結為伴侶。」

有人感動到要哭了嗎？

當個守護者

人生苦短，不管我們一生中買了多少東西，在離開這個世界時，什麼也帶不走。人的平均壽命約為八十年，但我們所擁有的許多物品，壽命都可達數百年。

我們很少會想到，其實我們可以好好守護這些東西，讓後世繼續使用。

請當個稱職的守護者。這不只是一種作法，也是一種心態，而且實行起來很簡單。我們購買的東西，有些禁得起很長時間的使用，甚至可以代代相傳。因此，使用時就該把它們當成傳家之寶，對它們格外珍惜。

有些東西雖然後來未必會留給我們的子女使用，但後世的其他人仍能享受我們精挑細選的成果。

我們每挑選一件值得珍藏的產品，未來垃圾掩埋場就將少一件垃圾，製造商也會少生產一項商品。

接著我要討論一個有趣的話題，那就是守護者的「心態」。

在為後代著想時，我們比較不會過分注重私利。從無私行為中得到的快樂，才算得上真正的快樂。

如果是為了別人或世界而買東西，會比為了一己之私而購物更有撫慰人心的效果。

出發點若是為了別人，並且好好珍惜己物，如此一來，就不會盲目追求物欲的滿足，也能讓後世子孫感念前人的遺愛。

希臘有句古諺說得好：「社會之所以會變得偉大，就是因為前人雖然知道等不到大樹成蔭，卻仍會把樹苗種下。」

我們應該為後世子孫種下的不是樹，而是想法和物品，讓他們能得到先人的澤惠和教誨。藉著精挑細選，就可以達到這個目的。這樣一來，不只能和其他人分享我們的物品，也能繼續將愛物惜物的精神傳承下去。

在未來三百年，或是你有生之年擁有的東西和理念，將繼續在人間發揮作用，並讓其他人了解你的為人和喜好。最好趁早努力，在未來留下好名聲。

第八章 清點存貨——這些東西是從哪冒出來的？

迪士尼電影中的小美人魚，可能是我認識的第一名強迫囤積症患者吧。她很嚮往人類世界，卻一直不得其門而入，所以不斷尋找和蒐集人類的物品。她總是貪得無厭地囤積，囤得再多也不滿足。

我想很多人都有類似的毛病。如果你家也堆滿了某些新奇的玩意，現在請好好閱讀本章，並檢視一下你的物品，想想它們是否真的有用。如果沒有，那就果斷地丟掉它們吧。拋棄自己的物品看似或許很浪費，但我覺得留著自己不喜歡的東西，讓它閒置在一旁，才叫真正的浪費。

這些多餘的東西只會讓我們承受更多壓力，而且也會讓我們花更多時間打掃房間。此外，這些東西原本也許會遇到需要並喜歡它們的主人，而我們卻剝奪了它們發揮的機會。

就算你覺得家中的雜亂程度還不到無法忍受的地步，我還是建議你清點一下物品，可以趁機看看哪些東西是最需要的，又或是讓閒置的東西發揮功用。此外，以後你也能預先計畫，不再沒頭沒腦地購物。

如果你覺得清點所有物品很困難，不妨先調適一下心態。按照自己的節奏，按部就班地清點。在大功告成時，你會很有成就感。

如果能放棄多餘的物品，你將會覺得神清氣爽，也會感到平靜和自由，從此展開新生活。在你開始清點前，我想簡短地談談囤積這件事。

囤積

百分之五的人都有囤積的怪癖。在二〇一三年，這種怪癖已經被認定為一種臨床疾病。因此我們有必要了解它的症狀。

琳恩．德羅蒙（Lynne Drummond）是英國頂尖的囤積症專家。我曾向她請教「蒐集」和「囤積」有何不同。

她的回答是：「這兩者只有一線之隔，而且存在一些模稜兩可的空間。所謂蒐集，就是你知道每項物品在哪裡，想用時隨時都找得到。囤積就不同了，那只是毫無章法的堆積。和很多情況一樣，囤積也不是在朝夕間出現，而是慢慢形成的。

如果你有心幫助一位囤積狂，務必記住一件事：請體諒他，因為你眼中的垃圾，也許是他眼中的奇珍異寶。囤積狂一旦同意放棄某件物品，那就快幫他清理掉這個東西。因為拖得愈久，雜物在家裡就留得更久。雜物留得愈久，主人就愈捨不得丟棄它。如果你懷疑自己是個囤積狂，而且又引以為恥，請不要放棄希望，因為改變永遠不嫌遲。也許改變很困難，但這絕非不可能的事。」

如果你覺得自己可能患有囤積症，和醫生坦誠以前，告訴他你的困擾，請他為你介紹一位幫得上忙的專家。如果你覺得家裡有一大堆可有可無的東西，請接著閱讀下去。

請先讀完這一章，而且在認真實行前，不要再買新東西。對我和你自己保證，現在除了食物、化妝品和清潔用品外，其他什麼都不買。就從現在開始吧。

愛物惜物大挑戰

埃文・齊利斯（Evan Zislis）是《無雜亂革命》（*Clutter Free Revolution*）一書的作者，也是我最近結交的好友。他以過來人的身分說：「對大多數人而言，他們擁有的物品中，只有百分之二十是他們喜歡的，百分之八十是他們不喜歡的。因此我們有百分之八十的空間被沒用的東西占據。清理物品和創造新空間，並不只是為了整理已有的物品，更是為了表現我們對物品的珍惜。」

你可能在逛街時買了很多吸引你的東西，帶回家後卻發現，它們只是一些你勉強可以忍受的廢物。

相形之下，如果身邊只有你喜歡和信任的東西，或是你想擁有一輩子的東西，那該有多好。我所提出的大挑戰，就是要幫你找出所有物品中，百分之二十你最喜歡的東西。我的靈感來自極簡主義者萊恩．尼克迪穆（Ryan Nicodemus）在二〇一〇年的經歷。

萊恩是一位追求美國夢的「成功」商人，擁有多不勝數的物品，其中還包括一百條價值一百美元的領帶。但他既不快樂也不健康，而且還負債累累。

某天，在一個朋友的協助下，他辦了一場「打包派對」，把他擁有的一切分門別類地裝進貼了標籤的箱子，像是要搬家一樣。如果需要什麼，再從箱子中取出。到了第十天，他已經不再從箱子中拿出東西。他擁有的東西中，有八成仍留在箱子裡。

然後他便把這些東西賣掉或捐出去。

如果你想大刀闊斧地實行精簡，那麼你也可以照著萊恩的方式進行一場大挑戰。不然也可以試試我的「折衷版挑戰」。

折衷版挑戰

要打包所有的東西談何容易。如果是和別人同住，那更是難上加難。因此我想出了一個變通方法。你仍要花費很多精力，但至少不會被搞得天翻地覆。請抽出一點時間注意以下事項。如果你希望其他同住人也一起參與，那就更要注意了。

・請想想你在未來兩週會用到的物品，為每個物品拍張照片，或貼上貼紙。也許一開始會覺得很奇怪和不方便，但請持之以恆。如果你會一直忘記此事，請在電話上貼個字條提醒自己。

・大功告成後，看看你的照片或貼紙。這些就是你的精華必需品。現在請看看那些沒用到的物品，它們將是下一階段，也就是「清除雜物階段」的主角。

・在清理雜物時，很容易出現拖拖拉拉、猶豫不決的狀況。因此我列出一個工作清單，請你確實遵守。

在完成每個事項後，便可以在清單上標記「完成」。如此一來，你就會得到小小的滿足感，並且有繼續下去的動力。可以預估每項工作要花費的時間，在清單的空白處注明，且在日記中做好工作計畫。準備四個箱子或袋子，一個用來回收、一個用來丟棄、一個裝捐贈物器、一個裝需要維修的物品。

循序漸進

俗話說：「行遠自邇，登高自卑。」因此我強烈建議從整理貼身衣物的抽屜做起。

請找出家裡所有的胸罩、襪子、緊身褲襪、內褲和短褲，連待洗的衣褲也不要放過。把它們都聚在一起，看看哪些有資格被放回抽屜。以下就是我訂的規則。不多，只有兩項：

一、只保留那些你最喜歡的內衣褲。

二、只需留下夠用兩週的內衣褲就好。

每個人都有一大堆「雞肋」般的內衣褲。它們就躺在抽屜後排，等待好穿的內衣褲都進了洗衣機，它們才有重見天日的一天。請你把這些沒用的內衣褲都打包起來。

也許你會覺得我的做法太極端了。但我建議你只保留最會穿到的內衣褲。它們的特色就是柔軟、舒適、迷人，又能在適當的場合發揮功用。

當所有衣物都在洗衣機時，這些內衣褲才是你最想找到的。請仔細檢查每一件衣褲，試試它們的觸感。如果你不喜歡它的質感，那就丟掉。如果喜歡它的質感，卻發現上面有個小洞，那就放到「待修補」衣物堆中，等到分類完畢再處理它。

把所有被淘汰的內衣褲都裝進紡織品回收袋中，放在門口等人回收。你也可以留下一些衣褲做為抹布。

現在請好好欣賞你去蕪存菁留下的內衣褲。它們都是值得珍藏的衣物。如果好好珍惜它們，它們也會好好照顧你的私密部位。

要把衣褲收納好，以便在一拉開抽屜時就能一覽無遺。你也可以用幾個鞋盒，把運動襪和褲襪分開，或把胸罩和運動內衣分開。我採用的是直立的折疊法，而不是把衣褲都折成球狀。利用這種折法，我的所有衣物就能收納進很小的空間，而且排列得井然有序。

如果去年有人跟我說折衣服是一件快樂的事，我一定會嗤之以鼻。但我開始學習折衣服後，便無法自拔。雖然得花一些時間，卻可以省去翻找的麻煩，也不用將就穿上不同的襪子，我覺得光這點就值回票價了。

此外，我原本有三個抽屜的內衣褲。學過折衣服後，只要一個抽屜就夠了。因此我也有信心接受下一項挑戰。

整理的規則

請依照以下規則篩選你的衣物。

● 保存的規則：

一、將所有衣物聚積在一起：

檢查或試穿每件衣物，但不要花太多時間。如果你無法在一分鐘內做出決定，那就丟掉它。

二、找出你的精英衣物：

・你最常穿的衣服。

・你覺得未來會常穿的衣服。

・你穿上它時最高興的衣服。

請花一點時間，對這些核心衣物表達感謝之意。你要好好想想，雖然你丟了其他衣物，但保留下的衣物仍會繼續陪伴你。

三、除了挑出核心衣物外，也要確認留下的其他衣物都有保留的價值。如果你不確定它們是否值得保留，那就寧缺勿濫吧。

四、丟掉那些相同或功能一樣的衣物，除非它們是你穿著的「工作服」。如果不是工作服，那就只留下比較好的。

五、把淘汰的衣服分成「修補類」、「回收類」和「捐贈類」，分門別類裝箱。你應該只把極少部分的衣物當垃圾處理。

六、如果你的精英衣物中，有些是你捨不得穿的，請開始穿它們。有些人在結婚時收到貴重的瓷器，卻一輩子也捨不得使用。請不要變成這種人。

● 搞懂自己難以割捨的原因：

·它很貴。

·它是禮物。

·我覺得我會喜歡它。

·我希望以後能穿得下它。

·朋友說我穿上它很好看。

分類

你必須做好分類，省去東翻西找的麻煩。每種衣物都該收納在特定的位置。隔板和標籤都是分類的好幫手。

● 衣物

打造一個膠囊衣櫥，就不會有「沒衣服可穿」的困擾。此外，你也可以藉此了解自己的穿著風格。以下就是你的工作清單。祝你工作順利。

類別	記錄日期時間	完成
手提包		
褲子和裙子		
服裝清潔保養用品		
禮服和套裝		
帽子、圍巾和手套		
其他配件（太陽眼鏡、傘、腰帶和領結）		
鞋子		
睡衣（包括睡袍）		
上衣、夾克和外套		
內衣		
制服		

● 清潔保健用品

整理這類物品時，必須格外注意是否重複。你不需要七瓶半滿的洗髮精。你就想像自己要去度假兩週，正在準備必要的用品。至於其他非必要用品的去留，就要好好取捨了。

類別	記錄日期時間	完成
吹風機		
髮刷、梳子和髮捲		
化妝品		
護甲用品和香水		
藥品和急救用品		
個人衛生用品		
除毛工具和用品		
潔齒護齒用品		
護膚用品		
沐浴用品		

• 家庭用品

這是個品項繁多的大類別，其中有很多物品都是體積龐大，而且不需重複購買。這些東西自然要留下。

在查看這些物品時，請留意其中是否有些特別耐用，又符合你審美觀的物品。這是你購買新東西時的重要參考。

此外，也要注意家具的使用狀況。它們是否被充分利用？你的裝飾用品是否受到注意？如果根本沒人注意過它們，那你該考慮要丟棄它們，或讓它們更醒目。

類別	記錄日期時間	完成
毛巾、浴巾和防塵罩		
窗簾、墊子、沙發套和地毯		
家具、花瓶、鐘、蠟燭和其他非紀念性裝飾		
燈、植物和鏡子		

• 廚房用具

整理廚房用具通常會簡單許多，因為它們都是實用的物品。請牢記一個重點：只要留下真實生活中需要的物品。

如果你不常做鬆餅，那就不必擁有七個鬆餅模具。也可以趁這個機會，考慮一下未來。你未來想烤鬆餅嗎？或許你會覺得這種問題很無關緊要，但它們能讓你認清什麼對你才是最重要的。請記住，有些用具很容易就能借到。你向鄰居借東西時，也可以順便和他們培養感情。

類別	記錄日期時間	完成
餐具和陶器		
大型廚具		
洗衣附屬品（如熨斗）		
寵物用品		
茶壺和平底鍋		
儲存用品		
烹飪用具		

● 科技產品

很多家庭都有一大堆過時的科技產品。把它們賣掉或許還能發一筆意外之財。但請注意，在轉賣電腦前，一定要把資訊清理乾淨。

在拋棄物品前，請先仔細看看它的用處。它也許是條必要的「特殊規格傳輸線」，或是攝影機不可或缺的配件。如果你覺得某個東西以後還用得上，那還是能修就修。

不管最後決定如何處置，請記住，千萬不要把東西丟進垃圾桶。你可以把用不著的老舊產品，送給可能需要的人。你可以採用的做法是循環利用、免費回收、捐贈和升級再造。

此外，請把使用手冊、保證書和備用零件存放在固定位置，以備不時之需。

類別	記錄日期時間	完成
傳輸線和充電器		
照相機和錄音機		
電腦、數據機和路由器		
電話和MP3播放器		
電視和影音光碟機		
穿戴式科技產品		
其他裝置		

- **嗜好產品**

如果你和我有點像，一定也會花很多時間，玩膩一種嗜好後又換下一個，買了各種配備，後來又覺得索然無味。

如果你真的認為你還會再去編織，或是玩風箏衝浪，那就為自己設定一個期限。超過一個期限仍沒有重拾舊嗜好的話，就把相關裝備捐出去吧。

類別	記錄日期時間	完成
書籍雜誌		
裝備的保養用品		
手工藝裝備		
自助維修工具		
遊戲和玩具		
季節性裝飾品		
運動用品		
其他嗜好		

- **紀念品和珠寶**

這個分類比較不好處理，因為珠寶通常具有紀念價值，連便宜的人造珠寶都會讓人難以割捨。我只有四件珠寶，已經很滿足了。

你必須老實地想想，自己平常到底會用上多少首飾。

你可以把閒置的珠寶重製成藝術品或裝飾品。必須設法讓它們有亮相的機會，不然就出售或送人。

不管怎麼做，就是不要把它們放回抽屜裡。我有好幾盒珠寶，那都是我的教父、教母和叔舅姑姨們送的。我一點也不想戴那些珠寶，但又狠不下心賣掉它們。因此它們就一直待在抽屜裡，一待就是三十五年。

我決定要把這些珠寶布置成一棵珠寶樹，上面還有我媽媽寫的字條，說明它們是誰送的。這棵珠寶樹就象徵著我的家族，和他們對我的愛與支持。

其實不只有珠寶可以重製成藝術品。如果你有些很有紀念價值或很貴重的物品，又不想讓它一直塵封在盒子裡，那就想個辦法，讓它有亮相的機會。

如果不能讓某個東西發揮用處或被別人看見，就算是暴殄天物。雖然擁有這個東西，但它對你而言並沒有價值。

祖傳的物品讓我們能飲水思源，不忘自己的根源。其中有些特別、珍貴和具有歷史意義的物品，是該繼續傳承給子孫。但如果家裡有一大堆具有紀念價值的小玩意，留下其中一項最有意義的做為代表就好。

類別	記錄日期時間	完成
珠寶		
紙質紀念品——如卡片和信件		
相片和日記		
紀念性裝飾品和有紀念價值的物品		

● 尚待處理的東西

把所有東西都分門別類，讓它們各就各位後，也許還會有些「有天會用得上」的東西，和一些「有天會再修理」的東西。處理這些東西的原則，就是確認「某天」到底是哪一天。

有天會用得上的東西（例如健身器材）：

你應該再給這些東西一個機會，但必須有時間限制。不如為它們訂下六個月到一年的使用期限，在特殊情況下甚至可延長至兩年。

如果它們在這個期限內都一直被閒置就丟掉它們。你可以在行事曆中記下過期日，以及過期日前一個月的日子，提醒自己這些東西就要「過期」了。

如果你要證明它們確實有存在的必要，就要養成使用的習慣，讓它們發揮自己的功用。我把電子琴塞進客廳櫥櫃裡好久了，但我決定在未來一年內常常去彈它。請祝我順利。

有天會再修理的東西

這類東西的處理方式很簡單。你只要把它們都整理出來，騰出一週的時間拿去送修。如果你想自行修理，那請訂下一個期限。

如果你拖了很久仍沒動靜，就拿給專業人士修理。不然也可以烤一些糕餅，送給你擅長維修的朋友。如果這些都行不通，就丟掉它們吧。

面對送禮與收禮

有些人一出生時，家裡就有很多雜物。有些人則是喜歡亂買東西，把家裡堆得一團亂。但還有些人的雜物是不請自來的。我們如果突然繼承了大批東西，或收到禮物時該怎麼辦？

以前我收到不喜歡的禮物時，都會對送禮者不斷致謝，再把禮物隨便塞進某個抽屜，讓它在裡頭待上一兩年，直到我發覺它被閒置太久，便開始糾結該不該送人。

現在的我就不同了。我還是會對送禮者表達深切的感謝，但如果對方是個能讓我有話直說的人，我就會告訴他禮物不太符合我的需求，並問他能否換貨，換一件我用得上的類似物品。

如果我收到一個不想要的禮物，我也知道向送禮者要發票的話會讓他不高興，這時我就會向他表達深切的感謝，然後把禮物送給慈善機構。如果這個禮物對某個人有用，總比在我布滿灰塵的抽屜中閒置一年要好多了。

有人或許會覺得這樣做很浪費或無情，為了怕有罪惡感而不處理閒置的禮物。但我覺得讓東西閒置不用才是真正的浪費。

就算捐贈出某個禮物，你還是會感受到親朋好友的體貼和關懷。他們送你禮物，其實只是為了表達對你的關懷。既然他們已達到目的，你把閒置的禮物捐出也是兩全其美的做法。

得到理想禮物的方法

如果你希望盡可能得到自己喜歡又實用的禮物，那麼可以提供親朋好友一份願望清單。如果這個方法有用，就能省去很多麻煩。

但問題是我喜歡驚喜。如果是這樣，你可以請家人一起玩神祕聖誕老人的遊戲，以減少你的禮物庫存，你和家人也可以找個特別的日子團聚，這比收到禮物更讓人高興吧。

如果你因為工作的關係，常收到很多小禮物，可以請對方不要送禮，而是用你的名義捐獻。

如果你是小學老師，不必和家長說自己拒收任何禮物。只需寫個字條讓學生帶回家，告訴家長教室需要的用品就好了。

如果你希望親朋好友送你的禮物，都能符合你的風格和價值觀，而且又很耐用，最好的方法就是請他們也加入愛物惜物生活的行列。

把這本書借給他們，向他們解釋什麼是精挑細選，並告訴他們你現在想擁有的，只有值得珍惜一輩子的東西。

要向他們說明你對物品的價值觀、你喜歡的風格，以及你缺少什麼。我開始過這種生活後，家人送我禮物的方式也改變了。

現在我除了有最需要又耐用的東西，還有很寶貴的經驗。這是因為他們知道我很重視這種生活方式。

親愛的家人，如果你們也看到這一段，我要跟你們說：「大家做得好！」我今年並沒有丟掉任何聖誕禮物。

繼承來的物品

至親過世時，他們的所有遺物都變得彌足珍貴，連浴室裡的拋棄式刮鬍刀也一樣。人在失去親人時免不了會很難過，因此在處置遺物時也很難做出正確的決定。開始整理過世親人的遺物時，你會發現他們擁有的物品真的很多，因此必須好好取捨。

雖然如此，你還是會發現有很多東西應該「留給家人」，或「不該被浪費掉」。好好取捨，這種事說來容易，要做到卻很難。但請盡量只留下對自己有意義的物品。

可以留下一些極具成長紀念價值的東西，這樣你的孩子和孫子也能知道自己的根源。把剩下的遺物分送給其他人，讓它們仍繼續發揮實用或審美上的價值，並帶給其他人快樂。

請記住，一件東西能保存的回憶，和一百件東西能保存的回憶一樣多。此外，請在處理掉遺物前先拍照，留住它們現在的樣子。

我有個也許很逆耳的忠告，在**清理遺物時，請不要因為已故的親人很珍愛某些東西，就捨不得丟掉它們**。

也許你會覺得「祖母一定很捨不得它被賣掉」。但如果不賣掉它，你的家就會堆滿你不喜歡或用不著的東西，那麼就該把它們賣掉、捐贈出去，或送給其他家人和親戚。

你也可以把賣出的錢捐給慈善團體，或已故親人生前支持的組織與活動，這樣做也許你會比較心安理得。

分配遺物的方法

我的親人過世時，家族就會用一種很文明的方法，決定哪些東西該歸誰所有。這套方法一直很管用。我在此和大家分享這個方法，希望它能幫你解決難題。

· 請先製作重要物品的清單。這樣做很花時間。但你也可以不用筆記錄清單，只要拍照製作圖庫就好了。

· 接著在每件物品旁，標示一、二、三的選項，讓家族成員挑選。它們的意思是：

一、我很想擁有它。

二、如果其他人對它都沒有興趣，我就勉為其難吧。

三、我對它沒什麼興趣，但我覺得它應該保留在家族中。

照著這個方法分配遺物，就能避免一些意氣之爭。

你會發現大部分遺物並不搶手，不常有好幾個人同時都想要某個東西。但如果發生爭議時，這份清單也有助於化解爭議。舉例來說，「我們兩人都很想要這四個東西，我們就各取兩個吧。」

從「製作清單」到「收藏」

本章的清點物品表格，提供你一次實習的體驗。和學習其他事物一樣，這場學習最重要的意義，是讓你更了解自己，把學到的經驗應用在未來的人生中。

你可以根據你保留的物品和捨棄的物品，找出其中的模式並做成筆記。這些筆記將會幫助你展開新生活，也就是愛物惜物的生活。

在可見的未來中，你將只會「收藏」你願意好好珍惜的物品。

第九章 購物前的準備——兩個購物者的故事

大多數人花在購物的時間，比花在社交上的時間還要多。平均來說，一位女性一生要花四年以上，為自己或他人買東西。

世上有形形色色的購物者，大致可分為兩類：衝動型和謹慎型的消費者。零售商最喜歡的就是衝動型消費者，因為這種人很容易受到控制、愛追逐流行、對促銷活動沒有抵抗力、又怕錯過購物機會，因此這種人花的錢更多。

謹慎型購物者就不同了。他們會花時間研究自己喜歡什麼，和未來可能喜歡的東西。他們很精明，一眼就能看穿零售界操弄的伎倆，只會依據自己的意願買東西。

我以前也是個衝動型購物者。

如果你也和我一樣，本章將能幫你戒除這種習慣，並讓你掌握一些連在家裡都用得上的訣竅和技巧。

一開始也許會很不自在，但只要稍加努力，就能擺脫欠債度日的命運，因為買東西而後悔的次數會減少，家裡比較不雜亂，焦慮也會少一些。

你們相信本書，也花了不少時間讀它，我也希望你們都可以變成謹慎的購物者。

「不想要清單」的妙用

在一年多前，我在「終身受用」網站發表一篇文章，後來它成了站內最受歡迎的文章之一。我把自己不想要的東西列成清單，也就是「不想要清單」。我也鼓勵其他人這樣做。這個作業對我而言非常有用。後來我收到其他人的回應，說他們列出清單後也獲益匪淺，有些人甚至說他們因此得到解放，人生也有了改變。這時我才知道清單能對其他人產生很大的影響。

我在成長過程中，常以為聚積物品是成長的必要過程。我認為去考慮「該擁有什麼，不該擁有什麼」是一件愚不可及的事，我只覺得什麼都應該多多益善。

和媽媽一起購物時，我常吵著：「我真的很需要它，真的。」我也以為自己真的需要。我分不出想要和需要的差別，我覺得我什麼都需要。人一旦有這種想法，就很難根除它。唯一能讓你暫時停止購物的，只有帳戶存款不足這件事。因此我做了一張「我不需要的物品清單」，提醒自己，不管我有多少錢能亂花，我也不需要買那麼多東西。

● 我的「不想要」清單

廚房：

· 我不想要製麵包機或鬆餅機之類的雞肋電器。
· 我不想要四個以上的茶壺，煎鍋只要一個就好。我也不需要情侶對杯。

衣服和配件：

· 我不需要手錶。
· 我不需要八雙以上的鞋子。衣服能裝滿一個膠囊衣櫥就夠了。

科技產品：

· 我不需要遊戲機。
· 我不需要桌上型電腦，也不需要影音光碟機。
· 我不需要自動定位系統。

家具：

· 我的抱枕夠多了，不必再添購。
· 我不需要朋友贈送，但和我家不搭配的東西。
· 我不需要對我沒有意義的小裝飾。

・我不需要任何季節性裝飾品（例如萬聖節坐墊）。

休閒用品：

・我已經有吉他和鋼琴，不需要其他樂器了。

・我的健身器材夠多了，不必再添購了。

・除非工作需要，否則我不需要其他雜誌了。

・我的貓玩具夠多了，不必再添購了。

美容產品：

・我不需要任何按摩、磨砂或護膚工具。

・我主要使用的五種化妝品是遮瑕膏、睫毛膏、眼影、腮紅和護唇膏。除此之外，我不需要其他化妝品。

・除了洗髮精、潤髮乳和護髮精華外，我不需要其他的護髮產品。

・除了指甲剪、銼刀、去光水和我最喜歡顏色的指甲油外，我不需要其他的護甲產品。

文具：

・我的原子筆、鉛筆和筆記本都夠用了，不需再添購。

・我的文具整理工具夠多了，不需要再買了。

・我不需要買其他文具小物，例如可愛的套裝迴紋針或迷你螢光筆。

我要強調的是，這個清單列出的是對我來說沒有必要的東西。如果你覺得萬聖節坐墊可以帶給你很大的快樂，那就放手去買吧。

列出你的不想要清單

請參考我的分類，製作出自己的「不想要清單」。如果你覺得我的分類不夠詳細，可以根據你常會衝動購買的商品，分得更細一些。不要以為這是很簡單的事，只要在腦海中分類就好。請認真花點時間思考，並確實記錄下來。把分類結果以電子郵件寄給自己，做為備份。在你的行事曆上排訂日期，每隔幾個月就檢查看看自己是否有確實執行計畫，或是還有什麼想添加的事項。

我要提供各位一個小祕技：如果你常會因為衝動而購買某種產品，可以把已經擁有的同類產品聚在一起，像在店面一樣展示，並拍張照片。下次逛街又有購物衝動時，你可以想想家裡的「店面」，這樣就會意識到自己已經有很多同類產品，不會在店裡亂買東西。我很喜歡買筆記型電腦，但用這種方法後就不會亂買了。

在上街購物前的一些準備

在購物前最好先思考和準備一下。以下是你可以使用的一些方法：

● 對擁有物的另類認知：

與其常去想要擁有什麼，倒不如去思考，擁有這些東西的目的為何，這樣反而更能抑制購物的欲望。

舉例來說，我們需要的並不是洗衣機，而是乾淨的衣服。想要有乾淨的衣服，未必非要靠洗衣機不可。我們可以利用附近的自助洗衣店；如果附近有專門的洗衣店，也可以把衣服拿去送洗。以下是其他例子：

- 我們需要的不是汽車，而是便捷的運輸方式。
- 我們需要的不是電視，而是能在晚上打發時間的東西。
- 我們不必擁有工具和書，我們需要的只是能使用工具或閱讀書籍的機會。
- 我們需要的並不是某個品牌的套裝或西裝，而是得體又舒適的衣服。

在以上的例子中，也許都不必買新東西，就能靠更好的方法達到目的。

如果你在反覆思考後，仍覺得必須買某個東西，那請確認它真的最符合你的需要，而且能用上很久。

● 做功課：

請先瀏覽第十一章，並開始做功課，搜尋一下關於你想購買的東西的相關評論。等到真正要購買前，再做更深入的調查。在調查時你可以相信誰呢？

- 你可以相信自己。如果能在購買某個東西前，先借來試用一下，那就再好不過了。
- 如果你覺得某些朋友的判斷力還不錯，那你就可以相信他們推薦的產品（但請先徵詢一些意見）。
- 你可以相信獨立評論組織，如《消費者報告》（*Consumer Reports*）和《好管家雜誌》（*Good Housekeeping*）。
- 你可以在某個程度內相信雜誌和部落客。請尋找較具批判性和辨別力的產品評論，這種評論比較不可能是業配文。
- 推銷員說的某些事實是可信的，但他們的意見卻未必可信。

製作一份你需要的物品清單，列出你對它們的要求標準。接著帶著這份清單到商店裡選購。

在有利的時機購物

必須在有利的時機購物。你不應該在飢餓時採購食物。同樣的，也不該在空虛時去採購衣服或家飾，否則你就只是在滿足自己的虛榮心，而不是滿足實際需求。

購物前，先花點時間評估自己的心理狀態。

你的心靈是處於健全狀態，還是充滿焦慮和不安？

如果你發現自己是在負面情緒的驅使下才去購物，那請做以下「培養自信」的小作業。它能讓你很快地恢復自信。這個道理就像你應該先吃根香蕉，再去採購食物和日用品。

有計畫的購物

購物時，務必準備一份購物清單，就算清單上只有一項物品，或只是個大概的項目也好，例如「我在夏季正式場合能穿的衣服」。

購物時不要偏離清單，也不要購買清單之外的物品。如果在購物時想買清單之外的物品，可以先幫它拍張照，等到離開誘人的商場後，再想想它值不值得買。

培養自信

只要你能完全地接受自己，就不太會認為有必要去向別人炫耀，或買東西來掩飾自己的缺陷。

・請閉上眼睛，想像那些不管你變得如何，不管你穿著 Prada 還是塑膠袋，都一樣喜歡你的人。

・請想像你就是他們，從他們的眼光看你自己，感受他們對你的愛、尊重、體貼和惺惺相惜的感情。請感受他們帶給你的溫暖，並告訴自己，你也要無條件地接受自己。

・在購物時請記住這些感受。

平心靜氣地購物

我開始精挑細選的人生後，遇到不少障礙，其中最難克服的就是「沒耐心」。一旦心裡想擁有某個東西時，我就忍不住想馬上得到。因為這些東西太容易獲得了，因此我常有「誤上賊船」的遺憾。

從販賣者的角度來看，消費者沒耐心倒是件好事。但如果要徹底實踐精挑細選，就不該貪

圖一時的快樂。

請和自已訂一個約定，只要想購買的東西超過一定的金額，就先沉澱二十四小時，再「授權」自己去購買。

你可以把想買的東西列在願望清單上，但要等到第二天才能去買它。這樣你就有足夠的時間想想不該買它的理由。如此一來，比較有機會擺脫衝動性購物的成癮循環模式。

如果你已經來到一家實體商店，要你第二天再回來確實有些強人所難。因此如果能一週後再購物，那就這樣做吧。如果不行，至少可以走出店門口，到附近的街上晃晃，接著再決定是否要購買。

如果你在尋找某種產品，卻發現它們都不盡理想，可以試試以下的做法，而不必勉強自己買任何一件過時的產品。

- 把你的需求告訴製造商，也許他們正在研發新產品。
- 請依據重要性列出你購物的標準，根據這些標準，找出最符合需求的產品。
- 如果你的口袋不夠深，那就每月存一點錢，直到買得起它為止。
- 如果必須立刻購買，而且你確定能在一年內付清，那麼可以找個利息合理的借貸方式，並做出還款計畫。

．如果無法在一年內付清貨款，或必須縮衣節食才負擔得起，請調整一下你購物標準的優先順序，找個你買得起的東西。

如何避免衝動性購物

我曾以哈瑞寶軟糖廣告為例子——廣告裡的小孩極力抗拒擺在面前的軟糖。還記得這個例子嗎？這個廣告蠻有趣的，甚至可說有點諷刺，因為它的原型是來自一九六〇年代，一項關於意志力的真實實驗。

這個實驗後來被稱為「棉花糖實驗」。人們發現能抗拒棉花糖誘惑，在比賽中獲勝的小孩，在學術水準測驗考中（SAT）也得到了較高的分數，而且他們比較苗條，更能肯定自己的價值。

為了在未來獲得更大的獎勵，而放棄馬上滿足欲望的機會，這似乎就是完成很多夢想的關鍵。但哈瑞寶廣告中的小孩都沒有通過考驗。

我不相信一個人意志力的強弱是天生的。那些在意志力實驗中表現良好的小孩，都各有對抗誘惑的方法。有些人會反轉椅子，背對棉花糖坐著、有人會唱著歌、有人會把棉花糖推開。

上述這些方法都很簡單、幼稚，卻也很有效。此外，當小孩學會抗拒棉花糖的方法時，他們也能更輕易地抗拒誘惑。因此，這和天生的意志力並沒有關係。

既然如此，我們也需要靠一些方法，來避免因一時衝動而購物。我們每天都做很多困難的決定，專注於很多麻煩的工作，還要抗拒不健康的食物，意志力早就快被這些事磨耗光了。

誘惑的可怕之處，在於它們只要成功一次，就能讓我們前功盡棄。但要時時提防也太累人了。保持意志力最好的方法，是養成抑制衝動的習慣，如此便能自然而然地克服購物欲望。以下是培養這種習慣的一些方法。

找出誘惑出現的時機

你必須先了解自己會在哪些時間和場合受到誘惑。一到超市你就會大買特買嗎？或一進入亞馬遜網路商城就無法自制呢？你可以查看銀行對帳單，看看在哪裡花了最多錢。要特別注意，是否有某筆開銷讓你後悔不已或深深自責。並且捫心自問，是否能避開這些陷阱。

也許讓你沉迷的並不是店裡的物品，而是店內的美好氣氛，又或者你其實只是想出去走走而已。這時你應該用更正面的方式滿足這些需求，例如在常會去購物的時段看展覽，或約朋友見面。

如果你就是避不開這些充滿誘惑的地方，也可以找些方法讓自己分心。請養成一個習慣，每當你走過這些商店時，就打電話給朋友，或回想你在「不想要清單」上記載的項目。有個蠻有趣的現象，近年大家在結帳排隊時都盯著手機，因此巧克力之類等衝動性商品的銷量也大幅下滑。由此可知，讓自己分心確實是個有用的方法，但你必須有計畫。

如果在線上購買必需品時，常因為受到吸引而買了其他東西，那你可以在電腦上安裝網路控制軟體——自由（Freedom），讓網路在十五分鐘後中斷，這樣你就不得不快點買好需要的東西，沒時間去瀏覽魔術胸罩之類的小玩意。

突然看到想買的東西，請把它們放進願望清單，而不是放進購物車。

你可以挑一天，例如每月的頭一天查看願望清單，仔細評估每一項產品。它能讓你達到人生目的嗎？它是能滿足你需求的最佳產品嗎？你願意愛惜它一輩子嗎？它在未來十年仍能融入你的生活嗎？

習慣和誘發原因

之所以會形成衝動性購物之類的壞習慣，是因為大腦會盡可能節省我們的精力，自行處理一些事。

當大腦發現一些常出現的情景，例如路過麥當勞，它已經知道接著會發生什麼事，因此就進入了自動導航模式。

大腦會關閉做出自主決定的區域，也就是大腦皮質，由基底核取得完全控制權。基底核位在大腦的最深處，是意識無法觸及的部分。因此當你回過神時，手上已經拿著一個熱騰騰的蘋果派了。

這種習慣有時也很有用，就像你每天早上能不假思索地刷牙一樣，但它也有其壞處，例如會讓我們每次經過麥當勞時，身不由己地去點一份餐點。

找出衝動性購物的誘因

要戒除一個習慣最好的方法，就是找出誘因，以其他方法抵消掉它的力量。

- 請寫下導致你最近五次衝動性購物的誘因。在購物的前一刻，你在做什麼？在想什麼？你和誰待在一起？你能找出其中的行為模式嗎？
- 你該如何抗拒這個讓你花錢的誘因？你可以避免到購物的場所或網站嗎？還是改變一

下生活作息？只要略為改變你的習慣，就可能有很好的效果。

·這樣做了六個月後，請檢討一下成果。這個方法有效嗎？如果沒有效，你是否有其他補救之道？

對購買高維護商品的建議

購買商品前最重要的問題之一，是先了解它是否需要費心維護和保養。在二〇〇五年的電視節目《安．威德克姆來救援》（*Ann Widdecombe to the Rescue*）中，有個絕妙的解決之道。

安在某個單元中遇到一家人。他們家的小兒子很想養隻小狗，並堅稱會好好照顧牠，但父母卻不相信。安的建議是，小男孩可以先養一隻大頰鼠，如果他能獨自照顧牠六個月，就能得到一隻狗。父母同意了，也去買了一隻大頰鼠。安在六個月後再去拜訪那一家人。男孩的父母完全沒料到，兒子真的遵守承諾，認真地照顧這隻毛絨絨的大頰鼠。後來他也得到夢寐以求的小狗。

很多人打算購買高維護產品時，都會顯得很幼稚，我也不例外。

我們會向自己保證要好好保養它，但在興致勃勃地保養幾次後（例如擦皮鞋、幫砧板塗油、養鍋），就變得意興闌珊。

如果你打算買一個需要保養的產品，卻不確定自己能否確實做好後續的維護，請先練習維護工作，熟練後再買產品獎勵自己。

請挑個你已經有的東西，例如你的鞋子，開始每週擦鞋一次。如果你能持續六週，就可以買件高維護的皮夾克做為獎勵。

在這個想到就買、速戰速決的時代，這麼做似乎有些不合時宜。但花時間練習是值得的。如此一來，你就不會在一時衝動下買東西，而且還能享受期待夢想實現的過程。

如果可以實現維護某個東西的小承諾，你將會變得更有自信，也會更尊重自己。

有時，你會幻想自己改頭換面，變成你想成為的人——那種會努力抽空擦亮銀具，並清掉吊燈上灰塵的人，因此你可以買個禮物獎勵自己。有時我們甚至會幻想，只要買了某個東西，我們就會搖身一變，成為一個勤勉的人。

相信我，那只是幻想而已。

持之以恆的方法

如果你有心成為一個精挑細選的消費者，可以先教朋友精挑細選的訣竅。

你可以和別人介紹我的書，這其實是個不錯的方法。

有人已經證明過了，如果你想牢記某些事情，最好的方法就是先教會別人這些事。如此一來，我們就會把它記得更牢。

因此，請趁著接下來的幾小時，挑些你覺得對精挑細選可能會有興趣的人，並好好回想一下你在本章中學到的祕訣，接著告訴他們。你可以再回頭翻閱這一章，看看自己到底記得多少。

也許你會發現，這個方法真的很有效。

第十章 商店即景——氣味、商品陳列和業務如何讓我們甘願自掏腰包

打算到店裡買條麵包，最後也只買了一條麵包，這種事的發生機率是三十億分之一。

——埃爾瑪．博貝克（Erma Bombeck）

在進商店前，我們常想著一定要精挑細選，但結帳時卻買了一大堆不該買的東西。我們購買的物品，平均有百分之五十是在衝動下購買的。為什麼會這樣？本章將揭露零售業者的祕密，並教大家如何防範他們的伎倆，不落入商家的陷阱，只把你想買的東西帶回家，而不是一整籃雜七雜八的東西。

零售商的詭計

你在店裡待得愈久，花的錢也愈多。商店和購物中心的設計，原本就是要讓你插翅難飛，把你留得愈久愈好。宜家（IKEA）把店裡布置得像迷宮一樣，你就算只想來買把椅子，購物車最後卻裝滿了聖誕燈、花盆和收納盒。

商店的設計

我最喜歡逛文具店，也發現文具店和超市都有個特色，它們都會把牛奶和印表紙等熱銷商品，放在動線的盡頭，讓我們不得不逛完整個店面。還好我們能靠一些簡單的方法，擺脫商家的控制。

你必須先寫好購物清單，而且不買清單外的東西。你可以在店裡逛逛，看看有什麼新發現。但如果看到吸引你的東西，千萬不要當場購買。請先用手機拍照，稍後再做評估。

網路商店的策略則稍有不同。他們會通知我們「其他人也看過這些東西」，並將我們已經買的東西，和其他商品搭配在一起，讓我們注意到自己原本不打算買的東西。如果在購物時對其他東西也產生興趣，那就先把它加入願望清單，稍後再做考慮。重點就是不要偏離你的採購計畫。

另一個小祕訣：大購物車會讓你買得更多，因為購物車很難裝滿。如果你想省錢，那就挑小一點的購物車，或用購物籃。

視覺行銷

百分之七十六的人不會和推銷員談話，因此商店會使用「視覺推銷」，讓我們相信一個假象或故事，引誘我們在一時衝動下購買特定物品。這些故事也許很有吸引力：

「你想變成一位浪漫不羈，在草地上漫步，用混搭骨瓷茶杯喝茶的人嗎？如果你想成為這種人，那就買下這件套裝、這個杯子，或這部拍立得相機……」這種推銷法最常使用一種簡單的套路：「我是個自信又充滿魅力的人。」

模特兒的身體語言要表現的就是這個訊息。我們的社會已經把苗條視為成功的象徵，因此有些模特兒變得瘦骨嶙峋，脊椎、肩胛骨和肋骨都明顯凸起。他們之所以被挑中，就是因為他們比我們「優秀」，這讓我們想要藉著購物變得和他們一樣。

氣味和音樂

某些氣味能對大腦產生極大的影響力。如果你也曾因聞到某個味道，想起栩栩如生的回憶，那你一定了解我的意思。行銷專家當然不會錯過這麼好用的工具。根據二〇〇六年的一項研究，商家在空氣中添加香草的香味時，女性服裝的銷售量就會倍增。有些氣味會讓我們放鬆、興奮或快樂，我們會把這種情緒投射在看到的商品上，並更加喜歡它們。

音樂也有類似的效用。它能讓我們的心情開朗起來，變得更不介意花錢。緩慢的音樂能讓我們放慢腳步經過貨架，古典音樂甚至能讓我們買更貴的物品。

從以上的兩段介紹，你就知道應該要事先做功課，並讓自己有二十四小時的考慮時間。你也可以趁這段考慮時間，在實體店面看看商品後，再上網購買。

包裝

包裝能混淆視聽或誤導我們，讓我們無法專注於產品本身。雞蛋的包裝就是個例子。我們吃的雞蛋，都是養在籠子裡的雞生下的，但包裝上卻是在草原快樂奔跑的雞。我們要注意的並不是包裝，而是內容物，因為包裝裡的產品才有實用價值。

我家附近的獸醫診所，於聖誕季在前臺上放了一大桶狗骨頭餅乾。櫃臺小姐說之前的銷量很差，但她在每塊餅乾上綁了緞帶後銷量大增，不出幾天餅乾就賣完了。這個事件讓我非常驚訝，我得到的教訓就是，我要買的是餅乾，而不是緞帶。就算綁了緞帶，餅乾也不會變得更好吃。

產品資訊

如果一下子收到太多資訊，我們就會看得眼花撩亂，無法對商品進行冷靜的比較，最後在一時衝動下購物。

人們最要提防的，就是那些標榜有著某種強項特質的產品。這種宣傳會讓我們誤以為這個特質比其他特質還重要。

有些人在約會網站上只留下他們的腹肌照片。如果你不想被誤導，就必須先認清什麼對你而言才最重要。如果腹肌是你挑選另一半的唯一條件，那你當然該去找個腹肌男或腹肌女。但通常我們對另一半的要求恐怕不只這些吧。我先生的肚子上有一大圈游泳圈，但他卻擁有我理想終身伴侶的所有條件。

你必須事先弄清楚你要求的特質和標準是什麼，這樣才不會吃虧上當。

會員卡和遊戲化行銷

有陣子，我的皮夾裡塞滿了會員卡，滿得幾乎扣不起來。會員優惠有時真的很優惠，但這種優惠卻也會讓你付出不少代價。我們可能會不經意地洩露大量個人資料，其中也包括我們未來可能想買的東西。

《紐約時報》曾刊登一起著名案例。有位憤怒的父親致電某量販店的總公司，質問他們為何要寄給他女兒孕婦裝和紙尿布的優惠券，他的女兒才十多歲。

該公司向這位父親致歉，但幾天後，公司就收到他的道歉信。信中寫著：「我後來才知道家裡發生了一些事，我的女兒八月就要生產了。」

這間公司充分掌握了顧客的購物習慣，他們甚至能比顧客的家人更早知道她已經懷孕。他們發現優惠活動會讓某些顧客不高興，因此開始更謹慎地處理，將嬰兒用品的優惠券歸類到其他類別中。

一位統計人員表示：「我們發現在別人不知情的情況下，孕婦使用優惠券的意願會更高。」如果是這樣，那就沒什麼好顧忌的了。

其他廠牌也使用了不同的方法。三星（Samsung）將優惠專案融入遊戲，讓會員在遊戲中賺取點數，解鎖與蒐集徽章，並提高等級。

人類生來就喜歡競爭和遊戲。品牌就是利用人性中的這些特點，吸引我們的注意力。如果某個品牌正好符合你的需求和價值觀，那你大可好好利用他們的優惠方案。但必須先認清的是，一旦參與某項活動，或取得某家公司的會員卡，你就要承受更多花錢的壓力。在使用優惠券購物或商品打折時，你可以自問：「如果要付原價，我還願意購買嗎？」就算商店提供各種優惠，他們也只是想讓你花更多錢。得到便宜的總是店家。但如果你能確實地精打細算，他們就占不到你的便宜。

糾纏不休的力量：來到商店的小孩

美國父母為每位小孩買玩具的開銷，平均為每年三百七十一美元。小孩子也許是最厲害的推銷員。他們會糾纏不清地苦苦哀求，有時還會在酷鐵（Tonka）玩具車的貨架旁出言恐嚇，只要得不到想要的玩具就會鬧得天翻地覆。

讓孩子不胡亂要求買玩具的最好方法之一，就是少讓他們接觸廣告（參見本書第四章）。但如果要帶他們到實體商店，又不想被一再糾纏，那就該在出發前，先讓他們做好心理準備。如果他們想得到新玩具，你必須先讓他們知道只能買一項玩具，或花費不能超過一定的額度。

這是教導他們金錢價值的大好機會，因此一定要告訴他們，這次買的玩具要花掉他們幾週的零用錢。

此外，你也該立下「一進一出」的規矩。如果孩子要一個新玩具，就必須挑一個舊玩具捐出去。

帶孩子去買玩具前，先問他想要捐出哪個玩具。如此一來，孩子自然就會謹慎挑選玩具。他們甚至會發現，不值得為了新玩具而放棄舊玩具，這樣也很好，他們對新玩具的渴望就不會那麼強烈。你必須讓他們有選擇的權利，決定是否要保留舊玩具，省下買新玩具的錢。

到了商店後，你要教孩子去思考，他們真正想要的是什麼，而不是看到好玩的就要買。你可以告訴他們：「我們先在店裡逛一圈，免得錯過好玩的玩具。逛完後你再決定要買什麼。」

他們也許需要旁人幫助，才知道哪些玩具和衣服更有價值。你可以問他們，他們會在何時穿那些衣服，或是玩這個新玩具？他們覺得自己會玩幾次？這是教他們精挑細選的大好時機。

特價拍賣和促銷

特價拍賣是省錢的好機會。但只有買原本就想買的東西，才真的有省到錢。特價拍賣未必都是以特優的價格拍賣。

有些商家會在大拍賣的前一週抬高商品價格，這樣就能在下週打折拍賣。此外，他們也會把平價商品放在高價商品旁，讓價格顯得很實惠。請在購物前先上網搜尋價格，看看是否真的很划算，折扣是否像店家說的那麼優惠。

黑色星期五和大特價

搶便宜會讓人格外興奮。最明顯的例子就是瘋狂的黑色星期五（這是一年中唯一必發生死傷的日子）。但黑色星期五未必是價格最便宜的日子，因為某些「優惠價」是依據很久之前的價格打折的。

如果你有心實踐精挑細選，搶便宜就是你的致命傷，因為它會讓你誤以為自己很喜歡某個商品。

幾年前，有人帶我參加一場設計師品牌的員工拍賣會。會場上的商品原價都高達數千美元，但在大拍賣時的標價卻只有一百美元，讓我覺得店家簡直是在免費贈送。

我花一大筆錢買了幾件夾克、一套洋裝，還有一個手提包。幾週後，我想把夾克放進衣櫥，因為開始穿它們時，我才發現它們和我的生活格格不入。我後來一直沒穿過那些夾克，還發現那套洋裝的做工很粗糙，雖然它的原價是一千美元。我一直把它留在包裝盒裡。

不要一聽到大拍賣就跑去搶購。必須先想想自己要的是什麼，接著花點時間查詢它在不同地方的價格。如果發現價格打折了，就趕快下手。

關於贈品的小建議：不要為了贈品而買某個東西，除非你早就打算要買這個東西和贈品（這種事的發生機率應該是微乎其微）。

店員

你有沒有曾走進某家店，試用、試穿了很多物品或衣服，因為怕白白耽誤店員的時間，而覺得必須購買其中一項商品？你是否曾買下某個東西，只因為店員似乎真的很推薦，說它很適合你？這兩種事我都做過幾次，這是人性。

人類的動物本能告訴我們，為了族人的利益，大家都必須友善合作。但這樣做符合我們的利益嗎？有些店員也許真的很和藹可親，讓人感覺像穿了一件合身的平價衣服一樣舒服。但這並不構成購物的充分理由。

你不必因為到店裡沒有購物而感到內疚。你有權只逛不買。如果對某項商品並未喜歡到非買不可的地步，你就該挑別的品牌。

很多人從小接受的教育，就是要犧牲自己的利益去取悅他人，女性尤為如此。但你不必為了取悅別人，而去購買讓自己後悔的東西。你沒依照店員的建議購物，或許會讓店員很失望，但他們很快就會忘掉這些挫折。

如果聽了他們的話，你就會多一件不想要的東西，錢包會大失血，自信心也會開始動搖。

店員在想什麼

金牌店員西奧．戴維斯（Theo Davis）曾告訴我，人們會向店員購物的主要原因依序是：

一、他們喜歡這位店員。

二、他們相信這位店員。

三、他們喜歡這個產品。

我的建議是，如果你喜歡某位店員，那就邀他去喝杯咖啡。除非你喜歡他推薦的產品，否則你沒必要購買。

你怕他們會失望？西奧說店員對銷售並不在意被拒絕，他們比較怕遇上猶豫不決的客人。因此你必須堅定地拒絕他們，但口氣必須委婉。

一位訓練有素的店員，能為客人提供寶貴的資訊。但有些店員只會不擇手段地推銷商品。

有些人為了業績，甚至會使用神經語言程式學（NLP）、社會壓力，或一派胡言來達成目的。有些銷售部落格會建議店員，在被客人拒絕四次後仍死纏爛打，因為百分之八十的生意都是在這時完成的。

向店員購物的注意事項

我想很多顧客之所以向店員購物，都是為了盡快脫身。因此請你在離開家門前先做好準備。

- 進入商店前必須先做好調查，列出你的標準，並設定好預算。
- 你必須能判斷店員是否稱職。你可以告訴他你的需求，看看他是否真的聽進去了。要注意他們是在認真回答你的問題，還是在顧左右而言他。
- 如果你覺得店員使用不當的壓力逼你購物，如社會壓力、情緒勒索或讓你難堪，請立刻離開，並做更多調查。
- 不要怕一口回絕他們，但要很客氣，這樣就不會浪費他們的時間。
- 如果店員在你拒絕後仍不肯罷休，那就調頭走人。請準備好一個脫身之計，例如你可以說要和伴侶、朋友或你的寵物好好討論。

情緒勒索

我的一位密友在結婚時犯了一個大錯——她居然獨自去試穿婚紗！銷售助理看到她人單勢孤，便對她展開猛烈攻勢。

她說：「我幾乎是含著眼淚離開的。在店裡時，婚紗飾品的銷售小姐不斷逼迫，要我考慮是否要買更多配件。她們讓我感到，如果我的禮服上沒有鑲滿人造鑽石或不戴頭冠，就表示我不重視我的先生，所以才不想讓自己太過亮眼。」我感到很震驚。

婚禮本該充滿歡樂，但我的朋友卻為了婚禮而變得焦燥憤怒，花了數千美元買一套禮服，還要被當成小氣鬼。

不只有店員會對我們進行情緒勒索，逼我們購物。家人也很擅長這種事，小孩尤其精於此道。如果你是為了愧疚感而購物，那將來你一定會既懊惱又悔恨。如果你覺得沒必要買某個東西，就不要買它。至於那些對你施壓的人或小孩，就試著找些更有建設性的方法，來維繫你們之間的感情吧。

慈善抽獎和拍賣

利用他人的罪惡感，是讓人聽命行事的方法之一。你一定也有不少次參與慈善活動的經驗，在活動中買抽獎券，或競標你不喜歡的東西。我記得在七歲時曾參加一場鄉村市集。我滿心期待地買了一張抽獎券，希望能把頭獎照相機帶回家，最後卻抽中一個腳掌造型的菸灰缸。

除非你真的很喜歡某個東西，否則請千萬不要參加競標。如果你想捐錢，那就只捐錢，請他們留下抽獎券或獎品。這樣你就一次做了兩件好事，既能捐錢幫助人，又能讓想贏得獎品的人有更大的勝算。

若要舉行慈善活動，請把獎項換成非實物的獎勵，例如一起用餐、專業指導、園藝服務、幾小時的清潔服務、一場池邊派對、在度假小屋住一週、音樂或電子書等。

如果辦抽獎活動，並以實體物品做為獎品，請在每個獎品旁放個小罐子，讓大家把抽獎券丟進想要的獎品前的罐子裡。如此一來，大家就不會得到不想要的獎品，獎品也能各得其所，不會造成浪費和雜亂，也不會有小孩因為獎品變成菸槍。

度假紀念品和禮物

在度假時買東西是個很特別的現象。腳下的沙灘和頭上的豔陽，讓你忍不住買個東西做為紀念，因此你就真的買了。你把紀念品塞進皮箱帶回家，把它拿到家鄉陰冷灰暗的陽光下，才發現它和你的生活並不搭調。你甚至不確定自己是否喜歡這個東西，那當初為何會買下它呢？

這就是我所謂的「度假效應」。那段美好的假期，就像是為這個紀念品設計的立體廣告看板。你在假期中的心態是快樂的，一直置身在圖畫般的美景中，原本可能只讓你有點動心的商品，這時卻變得格外迷人。但你買下它唯一的理由，也只是做為「到此一遊」的見證。

如何避免「度假效應」

來到異鄉遊玩，想買個東西時，請先客觀地排除其他因素，好好檢視這個東西。

想像一下，你要把它放在家中的何處？它將取代什麼物品？它的大小、形狀、顏色和氣氛，和家裡的其他東西相襯嗎？除了紀念價值外，還有其他用處嗎？舉例來說，有次我在祕魯度假時買了一個雕刻的葫蘆，而且買得一點也不後悔。葫蘆上雕刻著芸芸眾生的面貌，我把它擺在書桌上，提醒自己我們都是息息相關的共同體。此外，這個葫蘆本身也很有收藏價值。

因此，如果你看到一個東西，覺得它很能融入你的生活，也比照片更有紀念價值，這樣的話，就帶它回家好好珍藏吧。但務必把它放在顯眼的地方，才能讓你想起這段美好的時光。如果可能的話，請詢問導遊或友善的當地人，確認製造它的工人並沒有受到剝削，如此就不會在無意中助紂為虐，成為剝削童工和奴工的幫兇。

不知所謂的小禮物

買小禮物送人，通常是為了表達感謝或關懷之意。我們也會認為在遠行歸來或拜訪別人時，都要準備一些小禮物。

如果你覺得不帶禮物去拜訪別人很失禮，那似乎是代表你內心有愧。

你送禮是因為你認為那是理所當然的，而不是因為你知道朋友或家人喜歡某個東西。你應該去質疑這種「理所當然」的正當性。難道你親自登門拜訪還不夠？如果他們沒帶禮物來拜訪你，你會因此而覺得他們沒有誠意嗎？

你在遠行後回來，向某人表達思念，對方也會感到很貼心。如果你覺得這種事很重要，那麼就烤個蛋糕或準備其他點心送給他們也可以。你甚至可以送非實體禮物，例如他們可能喜歡的有趣影片。

如果你堅持要買個禮物，那就買些當地的食物，大家一起分享。這樣在你離開後，他們就不必為了如何處置禮物而發愁。如果你常在出差或度假時帶禮物回家，請一定要戒除這種習慣，除非你做好每次都得帶禮物回家的心理準備。在機場和旅館的禮品店，很少有任何值得長久珍藏的商品。

此外，你把當地的紀念品送給沒去過那裡的人，他們也未必會覺得那有什麼紀念價值。他們並沒有走訪當地的經歷，因此當地的紀念品對他們來說毫無意義。

大家希望得到的是你的見聞、你的陪伴、笑容和擁抱，還有你的關懷。其他的東西都只是錦上添花。

第十一章 「終身受用」的購物指南——找到最棒的東西

有時有人會問我：「終身受用網站上的商品，真的能讓我終身受用嗎？」我至今看過最耐用的品牌就是「牢靠工藝」（Solidteknics），他們是一家烹飪用品製造商，生產的碳鋼鍋和鑄鐵鍋有長達數百年的保固期。也許在五十萬年後，考古學家仍能挖掘出他們生產的鍋具。但我們無法保證網站上的所有商品都這麼耐用。

如果是圓領運動衫的製造商，他們就無法提供像「牢靠工藝」鑄鐵鍋這麼耐用的商品。我們能做的，就是比較不同品牌，在每個類別中找出最耐用、最具永續性的產品。我們的評比有六個標準。以下就是「終身受用」網站進行商品調查的主要依據：

一、這個產品使用的是什麼材料？這種材料是同類產品中最耐用的嗎？它使用的是比競品還要具備永續性的材料嗎？

二、這個產品是如何製造的？這種製造方式能讓它更耐用或更易回收使用嗎？

三、這個產品的評論，是否和製造商的說法相符？評論是否認為它比競爭商品有更佳的耐用性、品質和可靠性？

四、就「永續發展」和「道德規範」而言，我們能認同這個製造商嗎？

五、製造商提供的售後服務和保固，是否為同類商品中最佳的？

六、這項產品的外觀和風格是否能歷久彌新？或者它只是一時流行的款式，很快就會跟不上時代？

「終身受用」網站成立的目的，是為了替消費者代勞，做些繁瑣的研究工作。每一項產品都必須通過以上六個問題的考驗，才能獲得「終身受用」網站的認證。但這些條件是很難兼顧的。舉例來說，有時為了實用性就必須犧牲耐用性。如果只追求耐用，那「終身受用」網站能夠推薦的家具，就只剩石製家具了。本章主要介紹的是我們做的調查內容。

我們想提供的，是一份實用又方便的購物指南。如果你現在並沒有購物的打算，也可以很快地瀏覽過本章。我會斟酌情況，提到一些特定品牌。我介紹這些品牌，只是為了讓各位知道什麼是高品質的產品，並不是為他們打廣告，強迫大家非買不可。

此外，請大家不要奢求商品是完美無瑕的。從你的情人到你的牙刷，你生命中的一切都不完美。奢求完美只會讓你過得很不快樂，史蒂夫．賈伯斯為了挑張沙發，考慮了十年。他的家裡一直沒有任何家具，因為他找不到他心目中完美無瑕的家具。不要學史蒂夫。你該做的是利用自己有限的知識，在限定的時間內挑出最好的家具。

如果你一開始調查就會沒完沒了，那請先規畫好調查時間。要採購的金額愈高，就得規畫更多時間調查。但一定要設定時間上限，否則你很快就會發現，自己花了好幾天在枝節問題上打轉。如果要採購很多東西，選項多得讓你眼花撩亂，請先停下工作，依序寫下你的要求重點，例如：使用壽命、環保、風格、大小和價格。找出一些符合這些要求的最佳產品，然後在其中選擇。

風格和實用性的取捨

各種產品都有不同的藝術性和實用性。牆上的畢卡索複製畫注重的是藝術性，廁所馬桶的水管注重的是實用性。

有些產品則是兼具藝術性和實用性。精挑細選時，也必須注意它們的實用性和藝術性，因為這兩者都會影響到你持有某個產品的時間。最簡單的規則就是，在挑選必須很實用和耐用的物品時，就不要為了美觀，而忽略它的實用和耐用性，否則這個物品就會失去使用價值。

如果想買錘子，買有終身保固的錘子，不要挑有漂亮塑膠把手的錘子。某個物品若多半是放在抽屜或碗碟櫥裡，就別基於漂亮的外觀，而買進次級品。

但在挑選水壺這類常見又得耐用的物品時，還是必須考慮它的款式。如果過幾年你就會厭倦它的款式，那麼就算這個水壺並沒有裂開，它還是算報廢了。

在挑選這類物品時，請在經濟許可的範圍內，選擇品質最好，款式又能讓你百看不厭的產品。

居家風格設計的建議

在為住家添購物品時，很多人都沒有多花點時間，先了解自己的品味，也沒有去想像它和其他物品的搭配效果。

因此在繼續讀下去之前，請先了解你自己的品味。任何與眾不同的風格，都很容易跟不上潮流。

在挑選別具風格的物品時，必須確認它能表現出你的品味，而不是流行的時尚。請不要把房間布置得太具主題感，例如「摩洛哥風」或「復古機械風」，除非你真的認為那是你鍾愛一生的風格。可以採用一些有畫龍點睛效果的布置，例如加框的海報、有特色的擺飾，和高級紡織品，凸顯出你的興趣和風格。

臥室和起居空間

找到滿意的風格後，如果看到某些出版品或網站，導致你認為自己的選擇並不理想，請對那些出版品和網站敬而遠之為妙。要知道，既然你已經選擇了讓你自在滿意的風格，就別管別人怎麼說了吧。

採購前的準備

請先測量房間的尺寸。畫一張平面布置圖，這樣就知道可安放大件家具的位置，和它附近有多大的走動空間。如果預算不足，那就該好好存錢，才可以買你心目中最理想的家具。我的房間長達四個月都空無一物，我睡在地板上，過著因陋就簡的生活，省吃儉用就是為了買我夢寐以求的床，後來也證明這是值得的。

家具

大量製造的廉價現代家具，通常都賣得很快，不像古董家具或高級手工家具那麼耐用。因為這些廉價家具的主要賣點，就是流行和新穎款式。然而，一旦外觀出現些微瑕疵，它的價值也就一落千丈。

・買舊家具

如果想買真材實料、做工精細的古董家具，可以到拍賣公司逛逛、瀏覽 eBay 的網站，或走訪其他二手交易網站。

古董家具的價值是經得起考驗的，它們都經歷過幾次世界大戰的洗禮，也通過嬰兒潮世代的摧殘。目前正在大行其道的，是以層板製造的上漆北歐家具。因此高檔的古董家具在很多國家都變得很便宜。

買古董家具的好處是，它的品質通常會優於大量生產的家具，而且你買了古董家具，製造商就不必生產新家具。你也能重複利用它們，讓它不會進入掩埋場或焚化爐。

請挑選實木家具。層板家具一旦損壞就很難修復，因為層板只適合做為裝飾。傳統的楔形榫頭和榫孔比較牢靠，以這種工法製作的家具也比較耐用。

在挑選時要注意破損。有些損壞處只要用砂紙磨光和重新上漆，就能輕鬆地恢復原狀。但有些損壞就很難修復。

如果你的手藝很好，或是願意花錢修理，可以挑選需要維修的家具。這種家具通常會便宜不少。

・買新家具

就算要買新家具，還是要挑選實木家具比較好。實木家具損壞時，通常只需要磨光和修復。木材是比金屬更低耗能的材料。

不要挑選任何塑膠家具，除非它是以回收或可回收材料製成，而且製作得很堅固。

家具使用的木材，一定要來自永續經營的森林。這些木材都有森林管理委員會（Forest Stewardship Council，FSC）的認證標章。橡木、櫸木、榆木、柚木、桃花心木、赤楊木、桉木和鐵刀木之類的木材，都是名副其實的硬木，因此比松木、衫木和樅木之類的軟木更耐磨。

以整塊松木製成的桌子，表面難免會留下刻痕和污點，如果你不介意這些瑕疵，它就能用上幾十年。家具的木材一定要很厚，而且要留意木材上是否有裂痕、縫隙和扭曲。

有些家具業者會偷工減料，以次等材料製造抽屜內部和看不到的地方。請盡可能觀察家具內部，或向製造商詢問內部的製作。不要買用釘子、釘書針和膠水組裝的家具。用榫釘、金屬托架、螺絲或傳統接榫組合的家具，才是堅固的家具。也不要購買使用毒性揮發性有機化合物（VOCs）的家具，這些化合物可能會成為家中的有害氣體。

盡量考慮多用途和多功能的家具，例如可以當椅子坐的箱子。在購買家具時不只要考慮目前的生活方式，也要考慮未來十年可能發生的變化，根據這些可能的變化來選擇。

沙發：

選購沙發時必須發揮想像力。很多老舊家具都可以升級再造，搖身一變成為你夢想中的家具。如果決定為沙發重裝椅面，就選耐磨係數高，能用上很多年的布料。

做工：

感覺一下彈簧的彈力，看看彈簧是否排列得很緊密。網布或吊帶製作的沙發，再怎麼樣也比不上用高級彈簧製作的沙發。你會發現沙發的保固範圍，通常只限於框架。因此在選購時一定要特別用心。

填充物：

盡量挑選以「高回彈泡綿」為填充物的沙發，因為和纖維或羽絨相比，這種泡綿更能讓沙發保持飽滿，沙發的外形也能維持更久。絨毛的保養很費時費力，而且從活鵝或活鴨的身上拔下絨毛，是很殘忍的事。

布料：

以百分之百纖維製作的布料，要比混紡的面料更容易重複使用或回收再造。以回收塑膠原料製成的百分之百聚酯纖維，是最環保和最耐用的材料之一。如果你想挑選天然纖維的布料，請選擇純麻或純綿的密織厚紡布料。盡量不要挑選真絲布料，因為真絲太脆弱，不適合做為沙發布料。此外，在製作真絲的過程中，必須將活生生的蠶蛹煮死。

在挑選布料時，還要考慮它是否可以拆洗，如果可以的話，當然是好上加好。如果不行，你也不必失望。我的沙發布料並不能拆洗，但我自有一套保持沙發清潔的方法，我在坐墊上鋪上一條漂亮的罩毯，如果貓踩得滿腳泥巴進屋時，就可以只清洗罩毯。

高級皮革非常耐用，可以用上好幾十年。遺憾的是，只要是皮革就不可能環保。生產皮革要餵養和宰殺動物，接著皮革還要經過鞣製，這些過程都要消耗大量能源，也可能對環境構成嚴重破壞。

有幾家高級時尚品牌正在投資生產環境零負荷（zero-impact）的皮革，希望沙發業者很快也能從善如流。值得慶幸的是，很多舊皮革沙發仍保存得很完整。如果你非買新皮革沙發不可，請挑選以植物鞣製的原皮沙發，而且要像對待新生兒一樣，好好呵護它。用皮革保養乳為它清潔按摩，當然不必像照顧嬰兒一樣，哼著歌哄它（本書後面也有介紹皮革保養的小祕訣）。

地板和窗簾：

在出入頻繁的地方，一定要鋪上耐磨的覆地物。你可以在這些區域鋪上單獨的厚毯，這樣就不必常常更換一大片地毯，或去打磨木質地板。

石材是最耐用的地板材料，能用上好幾百年。但並不是所有房屋都適合鋪石材地板。如果能把廢棄的硬木地板重新利用，或向管理可靠的林場購買，都是不錯的選擇，因為木質地板只要略為打磨拋光，就會煥然一新。

塑膠地板很耐用，而且有各種以回收材料，或可回收材料製作的塑膠地板可供選擇。在小房間鋪地板時，常有接縫過大的問題，這時用塑膠地板鋪設就再理想不過了。

磁磚也可以用上好幾年，但鋪設磁磚的位置也要注意，在廚房之類可能有重物落下的空間，就不適合鋪磁磚。完全不要考慮複合木地板，因為這種地板的表面，只有一層很薄的薄板，禁不起常常打磨，甚至完全無法打磨。

地毯：

有些人喜歡新地毯的味道，其實那是化學物質揮發出的味道，家裡還是不要有這些化學揮發物為妙。盡可能挑選天然布料。特雷佛德（Tretford）等公司以喀什米爾山羊絨，製造環保又耐用的柔軟地毯。瓊麻製成的地毯也很環保耐用，但踩在上面時觸感並不柔軟，因此最好是鋪在走道上。環保尼龍（Econyl）和英凡（Interface）等地毯製造商，已利用回收再製的塑膠原料生產地毯，解決了難以兼顧耐用和環保的問題。

窗簾：

在挑選窗簾和百葉窗時，請以簡單典雅為主。窗簾如果太高調，很容易幾年後就過時。不要挑選風格強烈或太新潮的窗簾，因為房間的用途可能會改變，到時候你的家庭辦公室就會掛著豬小姐的窗簾。絲製品很容易在日光曝曬下損壞，錦緞、棉帆布和亞麻布等布料則比較耐久。

窗簾布料和床單的布料一樣，紗支數都必須很高，而且盡量不要挑選顏色鮮豔的布料，因為這種布料比中性色布料更快褪色。

窗簾一定要有夾層襯布，也就是在窗簾的表布和襯布之間，必須有另一層布料。這種窗簾布的壽命更長，而且夾層襯布也有絕緣效果，把熱留在屋外，為你省下一筆能源的開銷。

廉價百葉窗很容易損壞。但市面也有些高級百葉窗，它們可能用上一輩子，而且有很長的保用期。

燈具：

挑選和自創燈具，是你大顯身手、展現自我風格的絕佳機會。燈具的款式多得讓人目不暇給，而且很多燈具都有終身保用。此外，你也可以將舊物品升級改造成燈具，或購買古董燈和回收燈具。

燈具很少會有磨損，因此請盡可能買二手燈具，這樣可省下不少錢。如果想買新燈具，一定要挑選金屬部分可防鏽，並在插電後仍可清潔的款式。購買前就要考慮它未來好不好脫手。如果某款燈具在網站上的價格一直很穩定，它就是不錯的投資標的。

你以可以把找到的東西、最喜歡的水瓶，或家裡的舊擺飾改造成燈具，打造出更具個人風格的空間，每次你按下開關時，也會發出會心的微笑。我在二〇一三年時曾去過一家老舊的義大利餐廳，注意到裡面有些巨大的球形酒瓶。我覺得這些酒瓶的觸感很好，而且也很有趣，因此就帶了一個回家，把瓶裡塞了很多聖誕燈。現在它就位在我客廳的一角，每次我看到它，就覺得很有歡樂氣氛。而且我一毛錢也沒花。

LED燈具的壽命很長，但包裝上的使用時數通常和實際不符。這是因為LED燈泡的故障，多半是過熱造成的，但只有幾家製造商曾認真處理過這個問題。布魯姆（Blume）公司的燈炮不但壽命長，又能升級和回收利用，因此成了第一個貨真價實的循環經濟燈泡。

寢具：

人的一生中有三分之一的時間是在床墊上度過。如果你知道要和一位陌生人共度三分之一的人生，你或許會花很長的時間，調查他的身分，確認他能與你和睦相處，而且沒有任何會讓你們床笫失和的怪癖。

既然如此，你就該盡可能試遍各種床墊。如果你的背有什麼問題，在挑選床墊前，請先徵詢醫生或物理治療師的意見。很多床墊都有保用期，但你最好挑選以高級材料製造的床墊。天然乳膠是最耐用的床墊材料。有機睡眠（SleepingOrganic）公司生產的有機乳膠床墊，有長達二十年的保用期，而且也不必擔心買到有毒的床墊。

很多床墊公司都努力要使人相信，為了衛生和舒適，你必須每八年更換一次床墊。沒錯，灰塵、塵蟎和汗水都會累積在床墊中，但只要有一床不錯的防水床罩，就能解決大部分的堆積問題。

此外，你也可以定期用吸塵器吸床墊，或把床墊搬到戶外拍打，每隔三個月將床墊翻面，再頭尾對調，也能讓床墊一直保持舒適。

如果你想要一張在八年後仍沒有凹陷、損壞，睡起來也還是很舒服的床墊，請持之以恆地保養它。

枕頭和被褥：

一定要挑有機乳膠的枕頭。有機乳膠枕具有動物友善（cruelty-free）、低過敏源、防火等特性，也是最耐用的枕頭材料之一。此外，市面上也有一些有機紡織品可供選擇。

你也可以挑選卡利洛哈（Cariloha）生產、有終身保用的高品質竹纖維床單。

竹纖維製品一直是我的最愛，因為它在生產過程中，比棉製品消耗的水還少，使用的化學物質也比較少。你也可以退而求其次，挑選你買得起的、紗支數最高的百分之百埃及棉床單。

要特別留意棉床單上的「埃及品質標準」（Egyptian-quality）標章，因為這個標章只是個行銷手法，並不能證明什麼，就像有些泡麵號稱有「雞汁味」，但卻是純素的食物。

居家工作室：

很多辦公室用品，都只是各種功用不一、用來處理紙的工具，因此請盡可能打造出零廢棄的無紙辦公室。此外，長時間待在同一個位置，對健康並沒有好處，所以我強烈建議，在挑選辦公椅時，千萬不要選實木的椅子。

辦公椅：

在寫這本書時，我一開始坐的是堅固的實木廚房椅。但寫了不久，我的背就飽受摧殘。不必讓實木椅毀了我們的脊椎。

先不說別的原因，換張椅子至少要比置換人工脊椎便宜多了。你可以考慮購買採用保護背部設計的跪姿椅或人體工學椅。這種椅子有很多都是以塑膠為主要材料，但你也可以挑選有「從搖籃到搖籃」（cradle-to-cradle）認證的塑膠椅。這種認證代表製造商曾挑選過製造原料，而且產品都是採用可回收利用的設計。赫曼米勒（Herman Miller）是這類品牌中的佼佼者，提供的保用期是各品牌中最長的。

久坐有礙健康，因此請買一個升降桌，或把電腦放在箱子上，增加它的高度。你要花一點時間才會習慣站著工作，但站立工作可以讓你更專注，消耗更多熱量，也能強化你的腿部和核心肌肉。未來穿上短褲時，臀部也會顯得更緊實迷人。

檯燈：

我們之所以丟棄檯燈，通常是因為它的樣式過時或不好用，而不是因為它真的壞了。因此在購買檯燈時，一定要確認它是否適合你的需求。

它可以調整嗎？高度適合嗎？亮度夠嗎？電線夠長嗎？能讓你用上幾十年也不嫌棄它嗎？如果重新布置房間，能否把它移往其他房間使用呢？

市面上也有很多檯燈，是以竹子或漂流木等環保材料製作的。如果你喜歡陶瓷或玻璃的檯燈，一定要把它放在安全的地方，免得被撞倒。

買了檯燈後，接著要挑個能永不更換的燈炮，把它裝上檯燈。在前面有提到的布魯姆燈泡，才剛上市不久，就是可以耐用一輩子的燈泡。

文具、配件和收納用品

以數位方式儲存資料，搜尋時就會更輕鬆，也能減少儲存所需的實體空間。但一定要以外接硬碟和雲端硬碟備份資料，才會更有保障。如果你必須用很多紙，請避免使用塑膠製的整理工具，可以用無針訂書機，或遇水即黏的紙膠帶。如果要買筆記本或活頁夾之類的紙製品，請購買回收製造或採用可回收材料的產品。利用懸掛式吊夾（hanging file）之類的靈活又容易瀏覽的文具，儲存重要資料和文件，就不會有成堆厚重的多層文件夾和活頁夾。

如果你也和我一樣是鋼筆蒐集狂，建議你購買飛梭太空筆的千年筆（Fisher Space Pen Infinium），這種筆的墨水夠一般人寫上一輩子。廚房裡常有很多插滿廉價塑膠筆的罐子嗎？只要買了千年筆，就再也不會有這種困擾。

廚房

在極少數幾類的用品中，仍有為數眾多的耐用產品，廚房用品就是其中之一。只要能愛惜使用，有些廚具也許可以用上一輩子。它們包括刀、砧板、鍋子、平底鍋、烘焙模具、咖啡磨豆機、鹽罐、胡椒研磨器、磨鹽瓶，以及以木、鋼或矽膠製成的廚具和餐具。有些廚房用品可能會破裂，例如玻璃製品、餐具、小電器、小工具和烘焙秤。

刀具：

你必須親自試用一些不同的刀具，因為每個人的下廚頻率和做的菜色不盡相同，對刀具的需求也會因人而異。如果你的手掌比較小，用短刀會比較順手；手掌較大的人則用長刀較順手。

一把好的刀必須有全龍骨一體結構，也就是刀刃的鋼材必須一路延伸到刀柄末端，而且必須有很好的平衡配重。測試刀具配重是否平衡的方法，是把刀刃和刀柄相連處放在手指上，看看刀是否能聞風不動地待在上面。

目前我們所找到最好的刀具品牌，是德國的三叉牌（Wusthof）和日本的具良治（Global）。在比較之後，我們也發現木製或金屬製的刀柄，要比塑膠刀柄更好用。我推薦的刀座是通用刀座，因為如果買了不同品牌的刀，它們還是可以插進刀座。只要使用得當，一組好的刀具可以用上一輩子。

砧板：

為了保護刀具，勢必得使用砧板。最好用木製或竹製的厚實砧板。有些砧板是用膠水拼接而成，看起來就像厚重的棋盤。這種砧板具有自我修復的能力，因為砧板的紋理受到切割後，又會自動接合。

鍋子和平底鍋：

長柄鍋和炒鍋的原料，是鑄鐵和碳鋼。這種鍋具的壽命最長，「牢靠工藝」的平底鍋尤其耐用，因為它是一體成型的鋼鍋，沒有任何鉚釘，手柄永遠不會鬆動。某些平底鍋的優秀品牌，有終身保固的銅鍋和不鏽鋼鍋。銅和不鏽鋼都是堅固耐用的材料，但銅鍋的導熱性極性，因此很適合廚師。不鏽鋼鍋通常會更輕一些。

酷彩法廚和其他廠商生產的傳統琺瑯鑄鐵鍋，可以讓你用上數十年，只要你不把食物煮焦在鍋底，或用金屬工具、金屬刷刮傷琺瑯。酷彩法廚生產的不沾鍋，是同類商品中最耐用、保固期也最長的。但近來愈來愈多專家呼籲，要大家避免使用不沾鍋，盡量使用天然方式養鍋，免得食物遭到化學物質污染。我在本書最後會介紹如何養鍋，利用這種比較天然又永續環保的方式，讓鍋子變成不沾鍋。

烘焙模具：

盡量不要挑選有不沾塗層的烘焙模具，因為不沾塗層很容易刮傷，讓模具的使用壽命變短。可以挑選以陽極氧化鋁製造的模具，這種模具不會生鏽，表面也不會被烤得起泡。

艾倫錫爾伍德（Alan Silverwood）和一些廠商，都有生產可調整的模具，人們可以自行調整烘培區的形狀，不必購買很多不同大小的模具。

咖啡磨豆機、胡椒研磨器或磨鹽瓶：

在購買研磨裝置時，請挑選以陶瓷或熱處理不鏽鋼材質的產品，如此它們才能永保鋒利，又不會受到侵蝕。陶瓷是最堅固耐用的材料，而且它不會生鏽。如果你想找個能和你白頭偕老的咖啡磨豆機，就要挑採用研磨式錐刀的款式，有些製造商會提供保固。挑對了研磨刀款後，接著再挑選你覺得未來十年內不會過時的漆色、形狀和樣式。

木、鋼和矽膠製廚房用品：

我的首選是做工精美的木製或竹製用品，而且使用環保永續的材料。很多公司都在生產各種漂亮又極耐用的廚房用品。這些東西就算損壞了，也會自然分解。如果要購買不鏽鋼製品，一定要挑選18／10不鏽鋼。不鏽鋼用品在清洗後要立刻擦乾，才不會有生鏽的問題。

刀、叉、湯匙類的扁平餐具：

請挑選保固期最長，而且是以18／10不鏽鋼製造的餐具。「自由餐具」（Liberty Tabletop），是美國少數仍在生產高品質餐具的品牌之一。在挑選餐具組時，不只要考慮它的耐用性，也要考慮它的樣式是否禁得起時間考驗。如果要避免餐具生鏽，那就必須用手洗。若用洗碗機清洗，也請在清洗完成後立刻取出餐具。

玻璃餐具：

觀察旅館使用的餐具，是挑選玻璃餐具的不二法門。旅館的玻璃餐具都經過極頻繁的使用，因此也可以確認，它當然承受得了一般家庭的使用。我們推薦的是以高科技水晶玻璃（High Tech crystal glass）製作的餐具，這種玻璃比一般的玻璃更不易碎，路易治（Luigi Bormioli）公司就提供了二十五年的破損保固服務，而且從它的生態特性說明書（eco-profile）看來，環保效果也非常好。

用餐器皿：

如果要買可以用得最久的盤子、杯子和碗，請選擇由丹比（Denby）等品牌生產的粗陶器，或康寧（Corelle）等品牌生產的三層夾層玻璃（vitrelle glass）粗陶器。這些粗陶器都比瓷器更耐用。

小電器：

電器的目的，是為了讓你的生活變得更方便。所以你必須先做足功課，了解你需要的是什麼，接著再到商店購買。

烤麵包機：

烤麵包機的保固期通常不長，但有些機種卻比較容易維修。你可以挑選能拆開和修理的機種，如得力（Dualit）生產的麵包機。此外，也請盡量不要挑選有很多不必要的功能、太複雜的機種。

攪拌機：

只有寥寥可數的小家電能禁得起時間的考驗，而攪拌機就是其中之一。很多品牌的攪拌機都很耐用，但其中最出色的是瑞典的奧斯汀攪拌機（Ankarsrum Original）。這款攪拌機具有多種功能，你不必再買蔬果切片機、絞肉機和製麵機。但若你不是專業的廚師，大可不必購買這部攪拌機，因為如果只是偶爾才會做個蛋糕，用手攪拌就好了。這樣就可以省下好幾百元，甚至還能鍛練臂力。

果汁機：

如果你常自製飲料，例如每天都要打一杯冰沙，那就多花點錢，買個工業級果汁機。這樣便能用上很多年。我們找到的最佳品牌，是Blendtec和維他美仕（Vitamix）。

小工具：

盡量不要買功能太特殊的小工具。與蛋白蛋黃分離器或蔬果切片機一樣，很多小工具其實都沒有必要。而通常被當成禮物的廉價塑膠用具，只是禮品業者的生財花招，並不會讓收禮者感到實惠。誰需要披薩刀，或能把蛋煎成奇怪形狀的煎蛋模呢（不會是你吧）？

如果你很熱中廚藝，唯一需要的小工具，是一個研磨缽和研磨棒。請去買一副厚實的研磨器具，應該夠你用上一輩子了。

烘焙秤：

機械秤通常比電子秤更耐用，還不必更換電池。請挑一個有金屬秤盤，又很堅固的機械秤。「製鹽商糖果」（Salter's Sweetie）機械廚房秤是很理想的秤，而且有十五年的保固。

不要購買的廚房用品

只要略為改變使用習慣，就能大幅減少家庭垃圾量。舉例來說，不要用塑膠的保鮮膜，改用可重複使用的食物包裝，例如蜂蠟布或矽膠保鮮膜。此外，對廉價的食物容器或餐具也要特別小心，因為其中可能含有看不見的化學物質。以下是你應該避免的東西：

- 塑膠製品（如果不得不買塑膠製品，請確認它不含雙酚A）。
- 含有三聚氰胺的兒童餐具和杯子。三聚氰胺可能會被混合在竹子之類的自然材料中，當竹器加熱時，便會把化學物質釋放到食物中。
- 粗製濫造、用後即丟，或可拋棄式的東西。

「零廢棄」的替代品

- 用布取代紙。你會發現竹纖維布巾愈來愈流行了。
- 用可重複使用的矽膠袋取代夾鍊袋。
- 在購物時使用布袋、帆布袋或網袋。
- 用可重複使用的金屬或矽膠吸管取代拋棄式吸管。

- 用可重複使用的塑膠或金屬容器，取代一次性的鋁箔、包裝紙或塑膠盒。
- 用水壺或隨身杯，取代塑膠杯或紙杯。
- 用鈦叉匙取代塑膠刀叉。

工具

我最近發現，電鑽平均一生只會被使用二十分鐘，所以請盡量少買這種工具。如果真的有需要，通常只要向鄰居或家人借用就好了。一整組的可調式螺絲起子、可調式扳手、內六角扳手和一把錘子，就足以應付一般家務了。

如果要買工具，就買一組高品質的不鏽鋼工具組，而且要有終身保固。實耐寶（Snap-On）和工匠牌（Craftsman）等品牌，都有生產這種工具組。

運動、愛好和休閒用品

如果你對某種東西有興趣，請先不要購買相關裝備，而是先用租的。在你決定全心投入這項愛好後，再花大錢買昂貴的全套裝備。在「終身受用」網站上，對運動和愛好用品只有粗淺的介紹。在這些商品中我最喜歡的，是曼杜卡（Manduka）有終身保固的瑜珈墊，和永遠踢不爛的世足計畫足球（One World Futbo）。但我們的網站仍要花一段時間調查，才能整理出「定點跳傘」到「拉胚機」等運動休閒用品的詳細清單。

如果你想購買這類用品，就要徵詢專家的意見。請聯絡相關的社團、俱樂部和群組，或在他們的論壇及臉書上，請他們提供建議。

與其去詢問經銷商，倒不如去問熱中於相關活動的人，反而能得到比較客觀的意見。當你在詢問時，要特別問清楚在你想買的同類商品中，哪一款才是最耐用的。

科技和家電用品

每年都有更大、更好、更有魅力的科技產品問世，對此我們也都習以為常，並且習慣性地期待和要求新產品的問世。只要有意願，我們也會去購買新產品。但購買科技產品的要訣，是分辨出哪些產品為貨真價實的先進科技，哪些只是掛羊頭賣狗肉。

評斷「先進科技」的標準，其實也因人而異。對某些消費者而言，一支搭載更佳相機功能的手機，就能讓他們的工作如虎添翼。但對大多數人而言，相機功能比較好並沒什麼用處，只能讓我們在自拍時，把自己的雀斑看得更清楚。

如果現有的科技產品已能滿足你的需求，就沒必要購買最新款的產品。人們必須要求廠商生產可升級的科技產品，而不是生產更高級的產品。

這並非不可能的事，幾家有遠見的科技公司基於企業良心，已開始生產模組化的產品，公平貿易手機就是其中之一。它也是「終身受用」網站認證的優良智慧手機公司。

智慧型手機：

公平貿易手機是「終身受用」網站最推薦的手機，因為它是為了升級和維修而設計的。它的每個部分都可更換，也可以量身定製。想要更好的相機嗎？沒問題。要更大的儲存空間嗎？悉聽尊便。最重要的是，公平貿易手機的保固期是一般手機的兩倍，使用的還是道德採購的原料。

如果你對你目前使用的手機品牌，有難以割捨的眷戀，那就請你盡可能拉長更換新手機的時間。

如此一來，你便能知道這個品牌的手機有多耐用，在必要時更換電池。此外，也請你買個最好的手機殼，例如 Mous Limitless 團隊的手機殼。如果你和我一樣，常會把手機掉進洗碗槽、浴缸或馬桶裡，也可以考慮多花點錢，買個防水的手機套。

筆記型電腦：

大多數人都會同意，蘋果公司的筆記型電腦，是目前最耐用可靠的筆電。如果你用的是微軟系統（Microsoft Windows）的筆記型電腦，請挑選一部容易升級和維修的款式。這種筆電通常略為笨重，而聯想（Lenovo）的專家型筆電（ThinkPad for Professionals）是其中最好的機型之一。但這是個瞬息萬變的世界，請在購買前先到各大論壇、各經銷商和「終身受用」網站逛逛，才能找到符合當前這些要求的最佳品牌。

桌上型電腦：

如果你想購買一部桌上型電腦，可以考慮直立式的個人電腦（PC tower），因為和筆記型電腦或整合型電腦（all-in-one）相比，直立式電腦的設計更加模組化，而且也更耐用。蘋果的桌上型電腦也有極高的可靠度評價，但因為它無法升級，很容易就會過時。

印表機：

印表機公司的生財之道，是販售昂貴的墨水匣，和廉價又常故障的印表機。有些墨水匣明明還有墨水，卻會顯示墨水已經用完了。如此一來，人們就會提早拋棄它們。我們找到的最佳印表機，是愛普生（Epson）的 EcoTank 印表機。這部印表機裡有可用上兩年的墨水，還有價格實惠的補充墨水瓶。我們之所以推薦，是因為它不必經常更換不經濟的墨水匣。

電視：

我們約每八年換一次電視。但如果能好好挑部電視，照理說就算用幾十年也不成問題。松下（Panasonic）是目前最可靠的電視品牌。各電視製造商不斷努力改善電視的畫質，引誘我們購買新電視。但曲面螢幕或 4K 螢幕之類的畫質提升，對你而言其實未必有需要。

智慧住宅系統：

有些品牌正透過智慧住宅系統入侵住家並和你談話。這種前所未有的事讓我非常擔心。我在寫這段文章時，家裡的亞馬遜 Echo 正在播放康寶（Campbell）公司提供的產品。其他公司也競相開發應用程式或功能，透過這種新科技闖入我們的生活。我們還不太清楚這種科技會造成怎樣的影響。

如果你想讓自己的生活更混亂，不妨試試安裝這類系統，或把原有的系統升級。亞馬遜的 Echo 雖然在功能上似乎遠超過谷歌的語音助理，但一點也算不上實用。如果你只是想關燈，自己動手不是更方便？

耳機：

「終身受用」網站目前最推薦的耳機，是森海塞爾（Sennheiser）的HD-25。這款耳機是為音訊處理工程師設計的，它的音質很棒，因此深受DJ的喜愛。「終身受用」之所以推薦這款耳機，是因為它完全模組化，如果有任何零件損壞，只要維修或更換零件就好。這款耳機有兩年保固，但很多使用者都使用超過十年以上。

我們也很看好爵祿拜（Gerrard Street）等公司的商用耳機。這些公司會出租高品質耳機，並在必要時負責維修。目前他們的服務範圍僅限於荷蘭，但我們希望這款耳機能風行各地。

家電

我正在努力推動一項活動，要求家電廠商在產品上貼上一個類似節能標章的標示，做為平均使用壽命的標記，這樣消費者在購買時才能做出明智的選擇。如果你想幫忙，也請參與#製造耐用商品（#makeitlast）的聯署。在我贏得這場戰役前，消費者購買家電時，很難判斷它到底耐不耐用。我們只能參考獨立測試者和評論。

洗衣機和洗碗機：

在挑選大型家電時，一定要留意它的節能標章，而且盡量挑選最節能的機種。大多數優秀的現代家電，都有A＋＋等級的節能效率。讓人遺憾的是，我們發現近年來洗衣機的耐用性已經愈來愈差。洗衣機目前頂多只有十年的保固期。

說到最耐用的洗衣機品牌，那就非美諾和速比坤（Speed Queen，臺灣譯為「美國皇后」，由美星代理）莫屬。這兩個品牌的洗衣機功能都很陽春，和超現代的洗衣機相比，它們的功能明顯較少。但功能愈少，也許就愈不容易出問題。

盡量不要買直立式洗衣機（top-loader），因為這種洗衣機比較浪費水電。要特別注意滾筒是否有被封死，有時洗衣機發生問題時，只要略微修理就能復原。但滾筒被封死的洗衣機，一發生小故障就必須整臺更換。

我們在今年收到一個好消息，有一款模組化的洗衣機正在研發中，它有長達十五年的保固期。這部劃時代洗衣機的大名就是L'increvable。請密切注意「終身受用」網站的最新資訊。

冰箱和冷凍櫃：

很多人都喜歡在裝潢時，把冰箱隱藏在櫥櫃裡。但有個獨立的冰箱或冷凍櫃空間，就能自由選擇不同品牌，也可以任意搬移它。搬家時當然也可以把它帶走。冰箱一定要選無霜的，這樣就能避免食物浪費，冰箱的維護費用也會比較便宜。此外，有些冰箱有附帶冰飲機，但冰箱的附帶功能或設備愈少，出問題的機會也愈小。博世（Bosch）是冰箱品牌中的第一品牌，它的冰箱非常可靠。三星的冰箱則是最久無故障紀錄的保持者。

吸塵器：

挑選一部符合你生活需求的吸塵器。舉例來說，如果家裡有很多階梯，就該挑一臺容易攜帶的吸塵器。如果家中有寵物，就該挑專吸寵物毛的機種。二〇一七年最耐用吸塵器的品牌，是小亨利（Henry）、美諾和博世。

季節性裝飾品

美國人每年在萬聖節裝飾上的花費，高達二十億美元，而這些裝飾品後來多半都被丟掉。在同儕壓力下，人們過聖誕節和萬聖節的手筆愈來愈大。過節不只讓我們荷包大失血，環境也因此受到嚴重破壞。因此，請不要和鄰居陷入無謂的較量，拚命布置出最耀眼的馴鹿裝飾。他們想贏就讓他們贏吧。

這也不是說我們應該什麼裝飾品都不要，壞了大家過節的興致。我的建議是，可以買一兩件可重複使用的重量級裝飾品，讓它在家族中代代相傳。

我媽媽在聖誕節布置家裡時，總會掛起一條紅緞帶，接著在緞帶上掛滿聖誕卡，而且這條紅緞帶一用就是幾十年。

我成家後，家裡也有一棵「終身受用」的聖誕樹。這棵樹是活的，被種在花園裡的一個大花盆裡。它並不大，但卻很有個性，我們還把它取名為鮑伯。

你也可以用其他廉價的方式取得聖誕樹，例如租借一棵移植的樹，或買一棵環保假樹。我們應該只買有紀念價值，能為家人帶來快樂回憶的裝飾品，並逐年增加收藏量。

裝飾品要力求環保。請購買可重複使用的裝飾品，或以天然物品為裝飾，例如用真南瓜做為萬聖節裝飾，或用從花園剪下的冬青樹枝做為聖誕節裝飾。

追求簡單生活時必須避免的東西

精挑細選的核心訴求，是要活得單純、活得有意義。大多數人都希望生活能愈簡單愈好。

令人覺得有趣卻又不寒而慄的是，行銷人員也知道一般人的心聲，並利用這種心態，大力推銷一些「簡化生活」的用品。例如讓人可以一邊躺著看電視，一邊喝飲料的杯子、西瓜切片器、可以當開瓶器的園藝鏟之類的二合一工具。在我看來，要讓生活變得更單純只有一個方法——認清自己並不需要那麼多東西，開始身體力行地清除不必要的東西，只留下生活所需、功能強大、又不必常常更換的東西。

專業級工具

一般來說，西瓜分割器之類的專業級工具，只會讓家裡更雜亂。你到底有多常切西瓜，非要買西瓜分割器不可呢？常吃西瓜對消化確實有幫助，但通常只要有一個好工具，例如一把高級廚刀，就能解決切西瓜之類的小事。

花招百出的雞肋用具

躺著看電視是件賞心樂事，但你大可不必為了躺著看電視戴上特製眼鏡。從大多數個案看來，人們通常只會為了好玩，使用一兩次這種眼鏡，之後就把它丟在抽屜裡，與眾多棄之可惜的東西為伍。

智慧住宅裝置

可以上網的家電正大舉入侵住家。它們宣稱會讓生活更便利，能幫我們關燈，並讓不同家電互相溝通。如果你對這種科技有點動心，請記住它可能會讓你的生活更混亂。

大多數新科技產品都需要常常檢查、升級、修理和更換，如果你購買的產品也是如此，那麼它帶來的麻煩也許比便利還多。自己關燈也只是舉手之勞的事，不是嗎？智慧型家電可能遭到駭客入侵，而且智慧家庭控制系統，也已成為廣告行銷的媒介。除非你想讓冰箱成為廠商的工具，讓他們花點錢就能指使你該吃什麼晚餐，否則還是別讓這種科技產品進入你的生活為妙。

服飾裝扮

在挑選衣服時，我最注重的通常是布料。布料會直接接觸皮膚，它的品質和觸感，對我們的心情和行為會有極大的影響。

・布料

穿著柔軟的天然紡織品，既能呵護自己，也能保護地球。任何製造衣服的過程對環境都會造成影響，但有些製造商卻付出更大的心力，盡量降低產品對人和地球的傷害。我在網站上有列出各種布料的清單，並標示出它們的品質。

・服裝的結構

有時我們很難判斷衣服品質的好壞，這時只能仔細觀察了。請挑選「連掛面」（self-facing）的衣服。所謂連掛面，指的是袖口和領子的內外兩面，都使用相同的布料。要注意它的接縫和縫線是否緊密牢靠，而不是縫得很鬆散，或有鬆脫的跡象。如果接縫處是用雙線縫合或法式縫合（French seam），也就是把布邊隱藏在衣服內側的縫法，代表這件衣服的做工很牢靠。

除非是特殊設計，否則衣服的印花和圖樣在接縫兩側都必須對齊。如果衣服是有內襯的，內襯的鋪縫必須妥當，讓你能活動自如。如果你不確定衣服的內襯是否合適，可以輕扯內襯，看它會不會很容易和衣服的布面分離。有些衣服的內襯很單薄，但這並不表示它的品質很差。有時設計師會故意減少內襯，以凸顯出衣服的完美設計，並藉此炫耀自己的手藝。

如果你喜歡某件衣服，卻發現它的做工很粗劣，請努力抗拒它的誘惑。如果你就是無法抗拒，那就做好準備，找一位裁縫師為它補強。

你的衣服應該能讓你自在地走路、坐下和伸展，而且不會因此變得緊繃。在試衣間時，一定要轉身幾次、蹲下和前踢。沒錯，就是前踢。在測試完畢確認一切無誤後，才付錢買下它。

衣服上的每個針腳都必須很完美，不能有任何空隙，也不該看到任何殘膠。皮革是最耐用的材料，但你必須確認那是全粒面皮革。這種皮革的品質最好，也最耐用。非全粒面的皮革用久後會有塑膠感。市面上也有些純素皮革（vegan leather）。如果你要買這種皮革製品，請挑選鳳梨皮革。這種皮革才上市不久，但和以石化原料製成的一般人造皮革相比，鳳梨皮革要更加環保。

．修改

如果你看上一件對你來說尺寸太小的衣服，請放棄購買的念頭。不要夢想哪天你會瘦下來，到時就穿得下這件衣服了。如果某件服裝只是尺寸稍大，其他部分都正合你意，那你也可以把它送去修改。

有些修改比較簡單，例如改摺邊和袖口。如果要以縫摺讓襯衫和長褲的造形更有變化，也是輕而易舉的事。但要修改肩膀附近的接縫就很困難了。如果你不確定衣服到底能否修改，請看看哪裡有裁縫師，並在購買前先致電徵詢他們的意見。

．鞋子

在選購鞋子時，首先要注意的是它們的功用。此外，請挑選材質最好的鞋子，並且一定要挑選有售後服務的產品。最重要的是，挑選能一鞋多用的鞋子。

我在準備婚禮時，總算找到理由為自己買一雙很特別的鞋子。那雙鞋子很漂亮，同時它也很舒適，既能搭配結婚禮服，也能搭配牛仔褲，因此在多年之後我仍會穿著這雙鞋。

如果買男鞋或傳統女鞋，請挑選以「固特異沿條製法」（Goodyear Welt）製作的鞋子，這種工法指的是鞋面和鞋底的車縫方式。這是最傳統、最費時費工的車縫方式，但製造出的鞋子也最耐用和最容易修理。

不要買樣式太極端的鞋子，那種鞋子很快就會過時。不要買塑膠鞋底的鞋子，塑膠鞋底通常代表是次級品，橡膠或皮革就好多了。請用手指摸摸鞋子內部，看看內裡是否服貼、墊片是否夠厚，能緩衝腳掌的受力。

一定要穿上鞋到處走走，看看是否合腳。就算只是略為夾腳，它都是不適合的鞋子。

·配件

挑選配件時最需要注意的是，它的樣式必須符合你的品味，而不是符合潮流。一旦決定要購買某種配件並長期配戴，就該尋找品質最好的產品。

在挑選各種皮製配件時，請依照我所列出挑選手提包的標準。在挑選手提包、皮包和皮夾時，選擇深色的會比較保險，因為它們比較耐髒。

挑選珠寶時，請留意它們的原料是否符合道德貿易的要求，使用的是否是回收金屬，以及是否有終身保固。

在選購鑽石時，要特別注意它的來源，挑選老鑽或原料符合道德貿易要求的鑽石。也可以購買客製化設計的珠寶，因為人們對專屬自己的珠寶會有更深厚的感情。

多功能的配件也是很划算的選擇。土耳其流蘇巾（Turkish peshtemal）有多種用途，既可以當成圍巾，也能當成毯子。盧可斯亞麻公司（Luks Linen）生產的土耳其流蘇巾，有長達二十年的保固。

在選購雨傘時，請挑選超耐用的產品。「終身受用」網站最推薦的，是戴維克配件公司（Davek）的雨傘，因為它有終身保固。

戴維克甚至提供一些具有內建晶片的雨傘，在你忘了帶走它時通知你。就算你把雨傘弄丟了，在購買新傘時也能獲得五折的優惠。

芬蘭米西農場（Myssyfarmi）生產的帽子有終身保固。加拿大蒂利公司（Tilley）的傳統棉製夏季高頂帽也有終身保固。

頭部配件通常很脆弱，也很容易弄丟。如果你常把頭髮紮起來，請挑個堅固又不容易弄丟的頭髮固定器，例如髮簪、木製夾身的皮製髮夾或金屬髮夾。髮圈可以挑選 Burlybands，因為它非常結實，比一般的髮圈耐用得多。

手提包或小背包則是格外重要的選購項目。你的衣櫥裡除了經常會使用的提包，或旅行時要準備的行李包，其他什麼提包都不該有。

你該挑選的是車縫精美而且有強化縫線的提包。雖然皮革、尼龍和帆布都是很耐用的材料，但也可以考慮純素皮革製品。

如果你看中一個提包，想了解它的品質和做工是否優良，請馬上打開提包，觀察內部。粗製濫造的提包，也可能售價昂貴。這種金玉其外的提包有個特點，那就是它的內部和細節都很馬虎。以下是判斷提包是否耐用的其他線索：

高品質的提包在製作時，提包邊緣都會有修飾或手繪的痕跡。如果你發現邊緣很粗糙或有外露，就表示它很容易損壞或磨傷。

內襯是否耐用，對手提包來說非常重要。請挑選內襯是羅緞、緹花織物或斜紋方塊組織的提包，這種內襯比較牢靠。

拉鍊和拉鍊頭之類的五金零件，其中的金屬比例必須到達一定標準，而且這些零件必須和提包固定得很牢靠。

不管是對提包或行李包而言，腳釘都是很重要的部分。就算是很短的腳釘都有著莫大的用處，因為它能把提包抬高，使底部不致磨損。更何況更換腳釘只是舉手之勞的事，但要更換提包的皮底片就很麻煩了。

要判斷提包做工的優劣，從提把就能看出端倪。如果可以的話，用力拉拉看提把。提把若不太穩固，就不要花冤枉錢去購買。

其他美妝清潔產品

有些清潔產品宣稱能讓你擁有乾淨俐落的外貌。但任何會讓生活變得更麻煩的東西，都要慎重考慮。化妝、美髮、美甲、珠寶和做造型都是很愉快的事，但它們也很容易成為沉重的負擔。二〇一六年，一份研究在調查過兩千個對象後，得出一個結論，花愈多時間梳妝打扮的人，對自己的外觀也愈容易不滿意。有些人為了梳理打扮，每天早上要花上兩個小時。也就是說，梳理打扮要浪費掉他們一生中兩年的時光。利用這兩年到處逍遙不是更好嗎？

化妝品：

不妨試試精簡一下自己的化妝品。我有一套化妝五寶：遮瑕膏、睫毛膏、眼影、腮紅和護唇膏。這就是我所有的化妝品。在挑選化妝品時，請選擇採用有機原料、製造過程符合道德要求的品牌，而且必須有販售補充包。這樣做不但能保護你的皮膚，也能保護地球。

我卸妝時使用的是竹纖維圓墊，卸好妝後就把圓墊丟進洗衣機，這樣就不必多花錢購買拋棄式的卸妝紙巾。

如果想找堅固的木質美妝刷，不妨參考 EcoTools 之類的品牌。我還要推薦微之魅（Tweezerman）的夾子和鑷子，因為他們有提供終身免費磨利的服務。

牙刷：

如果你不是電動牙刷的愛用者，可以考慮購買零廢棄的牙刷。如果你對電動牙刷情有獨鍾，那請查查評論，看看哪種電動牙刷最可靠，以及它的電池壽命有多長。

除毛刀：

拋棄式刀片是垃圾源頭之一。我們推薦的是安全除毛刀，這種剃刀使用起來很方便。如果你想提高一點難度，選擇一把直式剃刀，當你覺得刀鈍時，只要磨一下就可以了。

頭梳：

只要不是超廉價的頭梳，應該都能用上很長的時間。請挑選以天然木材和鬃毛製成的梳子，減少對環境的影響。

嬰兒用品

隨著新生兒的來臨，媽媽的「築巢本能」也開始大爆發。這是個讓人既高興又焦慮的時刻，每位嬰兒用品業者也很清楚這件事。

他們也許沒有刻意操作，但恐懼行銷確實會在這時成為主流。

如果你會因為擔心新生兒缺少什麼而感到焦慮，不妨看看周遭的成年人，我們都沒用過濕紙巾加熱器、蒸氣消毒鍋或「防噴尿小錐帽」（pee pee teepee），但我們不也都安然度過嬰兒階段，長大成人了。如果你不知道什麼是防噴尿小錐帽，也不怕噁心，你可以上網查個究竟。

你該了解，嬰兒用品未必都是必要的，只要願意給孩子溫暖和付出愛心，其餘就只剩以下列出的基本嬰兒用品了：

嬰兒服裝：

五到七件兒童連身睡衣。

五到七件無袖或短袖的包臀衣或背心。

五到七件長袖包臀衣。

三雙襪子。

・三雙嬰兒鞋。
・兩、三頂帽子。
・兩、三件羊毛衫。
（購買這些衣物時，請考慮一下你的嬰兒會在什麼溫度下穿它們）。

嬰兒房的家具：

・一個搖籃床、嬰兒床或行動眠床。
・一個床墊（一定要買新的）。
・如果必要的話，請買一個嬰兒監視器。
・一個嬰兒著裝墊（也可以買攜帶式的著裝墊）。

亞麻布：

・六條紗巾或襁褓毯，做為拍嗝巾（口水巾）。
・二到四條嬰兒床床包。
・二到四條被單、二到三條毛毯，或一到兩個嬰兒睡袋。

外出用品：

・為自己準備一件連帽防水外套（在推嬰兒車時不方便撐傘）。

・一個為新生兒或更大嬰兒設計的嬰兒背巾或背帶。
・一個裝得下尿布和奶瓶等用品的大袋子。
・一個可攜帶的著裝墊。
・一個適合新生兒到兩歲幼兒的汽車安全座椅。

換尿布用品：

・為新生兒設計的尿布，材料必須是可生物分解的，或可重複使用的。
・可生物分解的媽媽包（尿布袋）。
・可重複使用或可生物分解的嬰兒濕巾。

母乳哺育用品：

・三件哺乳內衣。
・防溢乳墊。

奶瓶和相關用品：

・六個奶瓶。
・六個慢流速的奶瓶奶嘴。
・一個消毒鍋。

如果你不是親餵，請準備嬰兒配方奶粉。如果你是親自哺乳，請準備吸乳器。

依我之見，在布置嬰兒房時，沒必要買嬰兒專屬的裝飾。嬰兒房之所以不必有專屬的裝飾，是因為其他事物，如小玩具、嬰兒服裝、嬰兒寢具和嬰兒本身，都能說明那就是嬰兒的房間。至於其他背景，如牆壁、窗簾、地毯、燈具和櫥櫃之類的，不妨挑些孩子在十歲、十五歲、二十歲，或甚至三十五歲時仍能接受的樣式。因為他們很可能一輩子都會回到這個家裡。

你可以考慮買個大相框掛在牆上。相框裡的照片可以是童話故事的主角，也可以是超級英雄，或是孩子最喜歡的樂團。

隨著孩子慢慢長大，他的興趣和喜好也會不斷改變，但相框始終都能派上用場。如果有足夠的空間，也可以在牆上掛個漂亮的軟木公布欄或磁性布告板，把一些有紀念意義的信件和照片貼在上面。

有了布告板和大相框，孩子就能充分表現出他的個人色彩，你也不必一再重新裝潢。

如果決定購買某件兒童家具，請先考慮那是否是能隨著孩子成長而調整的家具。挪威思多嘉（Stokke）的成長椅（Tripp Trapp）就是模組化家具的最佳範例。這款椅子除了供新生兒使用，還可以不斷調整，讓孩子在成長過程中一直都有適合的椅子可坐。

在嬰兒房以外的物品中，嬰兒推車通常是最大的開銷之一。在購買前要先想清楚，它是否符合你的生活需求，例如能否快速折疊、能否在泥濘的小路上使用。我們認為設計最佳，也最耐用的品牌就是思多嘉。

在挑選紡織品和衣服時，請選擇以有機天然原料製作的產品。購買新生兒用品時尤其要注意這點，因為他們的皮膚非常敏感。

此外，在挑選孩子的衣服時，請在不會讓他們不舒服的原則下，盡可能挑選大一點的衣服，這樣才能讓衣服物盡其用。努蘭（Nula）等品牌也有可調整式的童裝，這種童裝的使用壽命要比一般童裝來得持久。

新生兒來臨時，父母難免會浮出想為他添購新東西的衝動。但嬰兒期在轉眼之間就結束了，無數家庭也堆滿了大量沒用過的物品。

因此如果暫時克制購物的衝動，到處打聽一下，你也許會發現一個驚人的事實，那就是你可以向別人借到很多嬰兒用品，甚至能免費索取。我姐姐茱莉亞（Julia）就是一個好例子，她在嬰兒誕生後，於網路和社區布告欄公布她需要的嬰兒用品，結果獲得大量捐贈。

買玩具：

在「終身受用」網站上列出很多優良玩具品牌，這些玩具都是以永續、耐用、無毒的木頭，和堅固的回收塑膠製造的。它們都禁得起時間的考驗，就算在孩子間流傳了好幾手仍不會損壞，有些甚至精美到可以被當成傳家之寶。

積木是最理想的玩具，它們可以被重複使用，玩法也變化多端。但在購買時一定要提高警覺，因為玩具市場充滿了陷阱。

調查後我們發現，在聖誕節過後三個月，有高達五成的聖誕玩具被報廢。美國人的玩具消費能力非常驚人。在西方世界，有六成的家長會毫不遲疑地答應孩子，為他們買最新上市的衣服或玩具組。

美國兒童約只占全球兒童人口的百分之三，但他們卻擁有全球百分之四十的玩具。在購買玩具時也不能固執己見，必須考慮周延，不要一味認定孩子想要的玩具都是浪費錢的廢物。必須花時間去了解，孩子是在追求一時狂熱，還是真心喜歡它。

每當有朋友炫耀玩具時，孩子通常也會吵著要同樣的玩具。但如果你讓他們花點時間了解自己真正的喜好，也許他們會做出不同的選擇。

擁有太多玩具未必是好事，孩子可能會因此無法專心玩某個玩具。此外，孩子也可能因為有太多玩具，而無法充分發揮想像力。

德國的一家托兒所做了一項實驗，讓小孩在三個月內不能接觸玩具。小孩們發現沒了玩具，一開始會不知如何是好。後來他們在百般無聊下，只能自創遊戲。不久後孩子們就發現，沒有玩具一樣能玩得很盡興，而且他們的社交能力和注意力都提升了。

你必須自行判斷，採用哪種作法對家人比較好。但我的建議是：**不要常買玩具，並且要建立玩具的「一進一出」制度。這樣就能減緩消費的循環，也能讓孩子更珍惜現有的玩具。**

此外，你也可以加入玩具圖書館，讓孩子不必擁有，就能不斷嘗試各種新鮮的玩具。如果玩具圖書館裡的某個玩具太搶手，你也可以考慮買個同款玩具給孩子。

第十二章 保存和保養——珍惜你喜歡的東西

在漫長的歷史中，人類一直奉行著「能用就用，能修就修」的原則。但隨著大量生產廉價商品時代的來臨，我們發現與其去珍惜或修理物品，汰舊換新更加方便。因此這種愛物惜物的文化也日漸式微。

我之所以要推廣愛物惜物，發揚這種失傳的文化，是因為我認為我們要購買的，必須是對當事人有意義、值得去保養和維修的高品質產品。

你是否會猶豫該不該修理某些東西，或何時該汰舊換新，又或是該如何讓你珍愛的東西歷久彌新。本章將提供你一些建議。我在附錄一還提供了一份實用又詳細的介紹，教你如何保養心愛的東西，讓它們和你長相左右，以及住家年度維護工作的完整清單。

東西故障時該怎麼辦

請去認識你家附近的裁縫師、修鞋匠、木匠和修繕師傅，向他們討教自行修理和維護物品的小訣竅。

戶外服裝公司巴塔哥尼亞（Patagonia）說得好：「修理是一種驚世駭俗的行為。」當然了，大多數公司並不希望人們自己動手修理，因為這樣他們就無利可圖了。但修理是我們對抗計畫性報廢的最佳方法，很多團體也大力鼓吹以修理代替汰換。因此請去找找社區理的修繕人員。他可以是收費的維修人員，也可以是你的好友或親人。在購物前請先徵詢他們的意見，看看哪些商品是可以維修的，而且能買到它們的配件。

●修理還是淘汰：

在面對一件損壞的產品時，你心裡或多或少會盤算著：「修理它要花多少錢？就算修好它了，還能用多久？如果是汰舊換新又要花多少錢？」除了這些實際面的問題，你也常會考慮一些情感面的問題：「我喜歡它嗎？它除了實用價值外，對我是否還有其他意義？我喜歡它的外觀嗎？對我而言，它是否已經可有可無了？新款產品的功能會比它優秀得多嗎？」我們就先不談情感面的問題，純討論「修理和汰換」。我認為在評估該「修理或汰換」時，你必須考慮三個問題。

一、如果它還能使用，我會留下它並繼續使用嗎？

如果會，請打聽一下修理要花多少錢。如果你在「終身受用」網站能查到這個商品，而維修費用又不到新品售價的百分之五十，那就修理吧。

如果不會，那麼——

你可以修理它，然後轉賣。

把它捐給有能力修理的慈善機購。

把它賣給會修理的人。

把它寄給製造商，告訴他們你相信他們會查出問題出在哪裡，並研發出更好的產品。

把它送去回收。

二、**它能被修復到正常運作的狀態嗎？**

如果可以，修復就是最環保的做法了。但如果這項產器是很耗電的老式電器，當然就另當別論。

如果它在修復後，仍無法正常運作，可以看看它能否升級改造，或改做其他用途。如果不行，就把它送去回收吧。

三、**如果已經無法修理了，它是否有其他紀念價值？**

如果有，你可以想辦法把它變成一個展示品，或改造升級它，以提升你的生活品質。

如果該物不具紀念價值，那是否能升級改造，或另做其他用途呢？如果都不行，請把它送去回收。

如何避免丟三落四

說到丟三落四，我可是箇中高手。但我開始實行愛物惜物後，這個問題也大有改善。據統計，人的一生中平均要花上一百五十天找東西。如果可以省下這些時間，那你就能連續十年、每年都去好好度假兩週。如果你想省下些時間，請遵照我的建議。

● 讓所有東西各就各位

如果隨時都知道要找的東西在哪裡，我就會覺得很心安。

讓東西各就各位，不但能避免遺失物品的困擾，也能治好你做家事時拖拖拉拉的毛病。因為你已經知道相關物品在哪了，不能用找不到當推託的藉口。「如果我知道吸塵器在哪裡，我家的樓梯就不會常積滿貓毛了。」

如果你已經清理好家中的物品，接著請把它們分門別類地整理好。把物品收納在它們最常被使用的區域附近，分類愈詳細愈好。

不能只是把文具都放在一起，而是該把抽屜和架子都區隔成小空間，讓每一個物品或同一類的物品都有自己的存放空間。以標籤標示也是個好方法，不但能方便存放，也能一眼看出哪些東西不見了。

● 在外遺失東西

大多數人並不是在家裡遺失東西，而是在從某處移動到另一處時，例如下車到飯店的途中遺失的。

事實上，人們最常遺失東西的地方，就是在計程車、汽車或巴士上。我們之所以會把東西掉在那裡，是因為離開時忘了查看一下。為了避免這種事再次發生，你可以做下一頁的練習。

● 東西掉落

東西會遺失的第二大原因，就是它從口袋或包包中掉落。不要把口袋或包包塞得太滿。此外，你也可以使用子母包或卡片夾，這樣就不必浪費時間翻找。如果口袋或包包有拉鍊，盡可能把拉鍊拉上。手套的麻煩之處，則在於它掉落時也不會發出聲響。如果你也有常掉手套的困擾，可以把它夾在外套的袖口。

避免掉東西的方法

如果不想遺落東西，請養成一個習慣，提醒你檢查自己的物品。廣告商會創造出琅琅上口的廣告歌曲，讓商品能深植人心。我們也能借用這種方法，強迫自己記住事情。

- 請重複默念「出門前，回頭看」。把這段短短的歌詞配上你喜歡的曲子，哼上十幾次。
- 請在哼唱時，想像你正要離開你常乘坐的交通工具。在頭腦中清晰地描繪出你乘坐的汽車、計程車、公車或火車，想像自己一邊哼著這首歌，一邊起身離開座位，接著回頭看看座位，查看是否有東西遺落。
- 接著想像不同的場景，你正要走出一扇通往戶外的門，它可能是旅館的門、辦公室的門、玻璃門、旋轉門、金屬門或木門。你想像得愈逼真，這個方法的效力就愈強。你可以想像自己是單獨出門，或和會讓你分心的朋友、家人一起出門。不管你想像中的場景為何，都要哼唱或默念這個歌曲，並回頭檢查一下。
- 下次在兩地間移動時，你就知道該怎麼做了。久而久之你就會養成這種習慣，在離開某處前自然地回頭查看。
- 如果你有小孩，把這首歌也教給他們。要下公車或從其他車輛上離開時，一起哼著這首歌，直到它深深烙印在孩子的腦海中。他們以後會發現這首歌的妙用。

● 回家後的例行公事

我在出門前，常會不停穿梭於樓上樓下，翻找我的鑰匙、手機或太陽眼鏡。也許我的一生中，有好幾個月就這樣浪費掉了。但如果養成一套進家門後的好習慣，這個問題就會迎刃而解。

請想像一個畫面：你剛回到家門，將身上零零碎碎的東西隨手放在家裡各處。你會把鑰匙放在哪裡？雨傘放在哪裡？手套又放在哪裡？你要為這些東西找個最佳的安置位置。如果沒有，也要為它們安排一個安置空間。

以我自己為例。我家有個漂亮的竹籃，我先生會把他的手套、眼鏡盒和皮夾放在裡面。那個籃子並不是一個永久的收納位置。所有東西都該有自己的收納空間，這個籃子只是用來放置隨手要用的東西。

請你在腦海中，重複演練這套回家的例行公事，直到能讓所有的東西都各就各位。如果某天你又隨意放置某個東西，你翻箱倒櫃也找不到它，請把這個東西加入回家的例行公事中。如果你有小孩，請訓練他們，讓他們也培養出回家後的好習慣，把包包和隨身物品都放在特定的位置。

最容易遺落的五個東西

我們最常遺失的東西，就是手機、鑰匙、眼鏡、筆和珠寶。以下分別針對這五種物品，提供避免遺落的建議。

一、手機

掉手機是一件很惱人的事。如果你和我一樣，是在冰箱裡發現手機，那就更難堪了。因為這表示你的迷糊指數又創下新紀錄。美國每年約有三百萬支手機遺失。若你不想讓你的手機成為其中之一，請跟著我這樣做：

- 安裝「尋找我的手機」（Find My Phone）之類的軟體。
- 設定手機鎖定畫面，在上面顯示「撿到這支手機的仁人君子，請用以下方式和我聯絡」，或利用「緊急呼叫」（emergency note）服務。
- 不要把手機塞在後口袋裡，或放在餐廳桌上。

如果你的手機不見了，而且已經被切換成靜音模式，你可以在電腦或平板電腦上，使用「尋找我的 iPhone」或「安卓手機定位」，讓你的手機播放聲音或鈴聲，這樣就能聽音辨位找到它。

二、鑰匙

鑰匙一定要放在固定的地方。請挑好一個位置，固定將它放在那裡。如果你的鑰匙總是放在包包裡，在換包包時就要特別注意，免得全家的鎖都開不了。你可以用繩子綁住鑰匙，再把繩子另一端綁在包包內的拉鍊上，或是綁在夾子上再夾住包包。如此一來，就不怕鑰匙會因亂放或忘了帶走而弄丟了。

三、眼鏡或太陽眼鏡

眼鏡掛繩非常有用，而且有些掛鍊很新潮，並不是專為老年人設計的。一天到晚戴著眼鏡的人，很少會把眼鏡弄丟。但如果你偶爾才會戴眼鏡，必須為自己訂下一些規則：

你在家時眼鏡放在哪裡？你外出時把眼鏡放在哪裡？是放在哪個口袋還是哪個包包裡？你在家時，使用眼鏡的時機為何？

必須養成一個習慣，一脫下眼鏡就把它放回原處，例如放進上衣口袋，或放進眼鏡盒裡。

為迷糊蛋提供的記憶力訓練

不必另外購買先進的追蹤器尋找不見的東西。因為這個追蹤器也是一項可能會不見的物品，此外，它的電池可能會耗盡，在幾年後也可能會壞掉，而且或許也會被閒置在一旁。

可以用以下的練習來增強記憶力：

・如果你常掉東西，請把你的鑰匙、手機和眼鏡都想像成有血有肉的生物，而且它們如果沒被放在正確的地方就會過敏。請閉上眼睛，想像它們被亂放時，冒出火焰並憤怒地咒罵你的情景。你必須把場面想像得栩栩如生，這個方法才會管用，所以請好好發揮你的想像力吧。

・請連續幾天在腦海中播放這個情景，這樣你就會養成習慣，把東西放在定位了。

四、筆

我曾提到，我有一支很珍貴的千年筆，它能讓我寫上一輩子都不必補充墨水，我也真的很希望它能陪伴我一生一世。

我一直是個很容易把筆弄丟的人，但在去年，這種情況已經改變了。這是因為我發現一個很高明的方法，那就是在筆上面綁條繩子。

綁了繩子的筆會特別顯眼，比較不容易被偷走，也比較容易找到。你還可以把繩子的另一頭綁在包包上，這樣就更萬無一失了。如果你在某些場合常會用到筆，建議在那些地方放支專用的筆。

五、珠寶

很多珠寶之所以不見，只是因為它們脫落了。因此請定期檢查珠寶的扣具，如果不確定扣具是否牢靠，那就先把它保存好，等珠寶匠檢查過再穿戴它。

如果你從家人那邊繼承了戒圍太大的戒指，先把戒圍改小再戴。

很多珍貴的珠寶在穿戴後，應該立刻放回它專屬的盒子。如果它非常珍貴又無法取代，那最好把它放在保險箱裡。

你可以在床邊和浴室放個小碟子，把脫下的珠寶放在裡面，你的珠寶就不會在你睡覺中搞丟，或被沖到排水溝裡。

為了安全起見，請把你所有的珠寶都拍照存證。

在旅行途中，隨身帶著珠寶。不穿戴時，請把珠寶放在保險箱裡。在海裡游泳時，或在小偷猖獗的地區，千萬不要穿戴珍貴的珠寶。你可以先把珠寶脫下，或把顯眼的戒指反戴，把戒面轉向掌心，這樣就不會讓人有非分之想。

失去貴重物品

我曾遺失一些珍貴又無可取代的東西，其中包括我的第一隻泰迪熊、第一本日記，和多不勝數漂亮的單支耳環，剩下的那支耳環，只能哀怨地躺在盒子裡。一旦遇上這種事，一定會很苦惱。還好我們可以藉由一些簡單的方法，取代或找回心愛的東西。

請把你最珍愛的照片和文件，掃描或轉換成電子檔備份，包括陳年的日記和信件。將這些資料儲存在不同地方或雲端硬碟上。請為你所有的藝術品、珠寶、家具和自行車拍照。

製作一份清單，列出所有物品和它們的價值，再用電子郵件把清單寄給自己。接著確認它們是否有保火險、竊盜險和遺失險。

有些保險公司甚至會設法重製受保險物品，讓你能拿到和你遺失的獨一無二的物品，幾乎一模一樣的代替品。至於保險的範圍，只要你覺得失去某個東西，會對你構成巨大的金錢損失，就可以為它保險。

如果你失去了某個珍貴又無法取代的東西，也已經盡量尋找卻仍一無所獲時，就忘掉它吧。既然找不回來，再去想也只是自尋煩惱，請忘掉它吧。如果真的遇上這種事，可以試試下面這個練習！

和你的東西說再見

人們有時會對某些事物太過依戀，但它們其實並沒有那麼重要。當然了，有些東西可能很珍貴、很有紀念價值。但它們之所以有紀念價值，是因為它們見證了某段回憶或情誼，而這段回憶和情誼是永遠不會消失的。

- 請閉上眼睛，想像這個你深愛的東西，再呼一口氣。
- 想像它變得愈來愈遠，並向它道別。
- 深呼吸幾次，讓心情平靜下來，接受它已經不在的事實。請告訴自己：「就算它再怎麼重要，終究只是身外之物。」

請想像一下，這個東西所代表的那段緣份，或在你心目中的意義，將這段緣份或意義深深烙印在你的腦海裡。

請記住，沒有人能偷走你頭腦裡的記憶，那才是能陪伴你一生一世的東西。

第十三章 論金錢與快樂——拜金世界中的快樂之道

有些人很有錢，有些人則過得很充實。

——可可・香奈兒（Coco Chanell）

我知道本書旨在探討消費行為，而這類書籍如果對金錢避而不談，顯然就不夠完整。雖然對英國人來說，錢是很不值得討論的話題，但我還是要在本章探討人和金錢的關係。錢真的能讓我們快樂嗎？所謂的「購物療法」（retail therapy）真的有用嗎？如果我們只購買經久耐用的產品，能省下多少錢呢？我們該把錢花在哪裡，才能獲得最大的快樂？

錢能讓我們快樂嗎？

錢只有短短三千年的歷史，不過說也奇怪，我們居然會認為它的存在是天經地義，亙古通今，就像岩石或樹木一樣。人類毛茸茸的遠祖從樹上爬下，逐漸發展出高度智力，開始與家人和朋友一起快樂地圍坐著。從那時算起，人類體驗快樂的歷史已經約有數十萬年了。但現在很多人卻深信只有錢才能帶來快樂和幸福，而且抱持這種看法的人愈來愈多。

在一九七〇年，百分之三十七的美國學生認為賺大錢是很重要的事。到了一九九八年，這個比例已經增加到百分之七十八。另外，有一份報告指出，九成美國人感受到金錢的壓力，其中也包括一些百萬富翁。

對很多人而言，財富就是人生最終的目標，那些發大財的人也都備受尊崇。他們成了我們仿效的對象。我們會閱讀他們的傳記，把他們的名言設為螢幕保護程式。

這真是個奇怪的現象，因為無數科學研究都告訴我們，只要有足夠的錢，可以過著豐衣足食的生活，這時再擁有更多物質財富並不會讓人變得更快樂。如果不相信我的話，你可以聽聽百萬富翁的說法。

詹姆斯．阿爾提切爾（James Altucher）是一位投資人和作家，他曾談到賺進第一桶金時的情景：「我原本只希望可以賺到一千萬美元就好，接著我覺得這個目標太容易達成了。我當時認為其他人都已經賺了一千一百萬美元。相形之下，我還是個窮光蛋。現在我要再賺一億美元才會快樂。」

阿爾提切爾的例子說明了，就算財富增加，我們也未必會覺得自己更有價值。這些貪得無厭的人讓我們知道，**要學會知足才會快樂，如果不知足，有再多錢也不會讓自己快樂**。就算擁有的財富再多，還是會想要更多。

錢不會讓人變得更高尚。股神華倫．巴菲特（Warren Buffet）在二〇一七年就賺了七百六十億，但他曾這樣說：「我認識不少億萬富翁，他們讓我了解到，錢只會喚醒人類的劣根性。如果他們在有錢之前是混蛋，他們在有錢之後，也只是有上億元身家的混蛋。」

巴菲特是個有趣的特例，因為他證明一個人就算發了財，也未必要追逐物欲。至今他仍住在他發大財之前買的老家。

金錢和快樂有什麼關聯？關於這個問題的研究已經有近一千項，而研究結果都指出，金錢能帶來的快樂，遠不如自我肯定帶來得多。

在一項研究中，一群心理學家以二〇〇八年冰島經濟崩潰為主題，研究它對冰島人造成的衝擊。很多冰島人都努力想賺回他們失去的錢。但有另一群人比較不熱衷於賺錢，他們比較關心家庭和社區生活。

根據調查，第一種人獲得的幸福感比較少，第二種人得到的幸福感卻高得多。愛物惜物的生活，強調的不只是實用性，更是一種價值觀。就實用性而言，我們不希望你把辛苦賺來的錢浪費在不必要的地方，如果你能購買讓你終身受用的產品，長此以往就能省下不少錢。

但愛物惜物更強調的，是要改變人們的價值觀，讓大家了解哪些事物會讓人得到幸福，而金錢絕不是其中之一。

但這種說法也並非適用所有的人，尤其是某一種人——如果你仍在負債，整天忙著支付各種帳單，你當然有理由感到金錢的壓力。而你唯一該做的，就是設法改善現況。

說到負債，我算是過來人了，因此我也很清楚負債所帶來的煎熬。如果你正過著青黃不接的生活，又有沉重的貸款壓力，你可以在很多書籍和網站上得到詳細的建議。

以下是一些你可以採取的重要手段：

- 請寫下每月和每週的開銷預算，而且要確實遵守。
- 請確認一下你的水、電、瓦斯供應商，是否是收費最低的供應商。如果不是，那就換到別家。
- 你可以找到小一點、便宜一點的住處嗎？也許你會覺得這個建議太強人所難，但如果你照著做，會發現很多意想不到的好處。
- 你可以搬去和家人同住，或找一位房客同住嗎？

- 你是否明明可以向政府申請一些補助，卻寧願讓自己的權利睡著而不去做？
- 你是否可以從事銷售？是否能修理東西，或製作一些可販售的產品？
- 你是否有些不必要的開支？我有些浪費的習慣，例如搭計程車、買咖啡，以及在 iTunes 上消費。
- 你會利用折價券或促銷活動省錢嗎？例如在減價時段去買食物。
- 你有其他的工作機會嗎？
- 你是否能參加某些課程，或學習某些技能，增加自己賺錢的機會？
- 你能多經營一個小生意嗎，例如在市場裡擺個小攤、當家教，或當自由聽譯員。

如果你目前正在負債：

- 勇敢地面對債務，計算自己共欠了多少債，記下金額，再研究一下每月能償還多少。
- 利用餘額代償（balance transfer）功能，把卡債轉到零利率的信用卡上。
- 把你的貸款整合一下。可以到各銀行詢問，看看能否以較輕鬆的方式清償。
- 優先償還利率最高的貸款。
- 不要再申請其他貸款。

即使手頭很緊，你還是可以開始學著過愛物惜物的生活，因為愛物惜物的含義，就是接受自己擁有的一切，並珍惜它們。能做到這一點就很了不起了，如果還有其他收穫，就當是錦上添花吧。

以有限的預算，購買讓你終身受用的產品

喜新厭舊之所以在社會上蔚為風潮，都是因為一張薄薄的塑膠卡片，讓我們能先享受後付款，不必辛苦存錢買想要的東西。但當我們不用慢慢存錢時，就沒有時間思考，自己真的買得起一套昂貴的健身器材，或是一個限量版的《星際大戰》（*Star Wars*）紀念品嗎？信用卡助長了衝動性購物，讓人們在一時衝動下，買下無法負擔的東西。

所有的債務中，卡債是最容易讓人深陷其中的一種。我自己也曾陷入卡債陷阱。在二〇一二年，我花了幾筆大錢。當時我還和自己說，我是真的需要花這些錢，而且只要能縮衣節食，下個月我就能還清卡債。

但還卡債並非我想的那麼簡單，月復一月，我的卡債繼續拖欠著。在後來幾個月中，我又遇上幾次緊急事件，花了不少錢，最後發現債務已累積到近七千美元。

後來我總算還清這些欠債，然而在這段時間我放棄了旅行、沒去餐廳吃飯、沒有在下班後

外出約會，除了購買民生必需品和支付水電帳單外，也沒有其他開支。

在我終於還清債務的那天，我註銷了我的信用卡，頓時覺得無債一身輕，很有成就感。

後來又想花大錢買張床時，我就先在地板上睡了四個月，存夠錢後直接付現購買。新床運來時，我臥倒在床上，睡了一整晚。這一覺睡得特別香甜，因為我等待這一天已經很久了。

信用卡的好處

如果想申請抵押貸款，有信用紀錄會讓你更容易申請成功。我並不認為信用卡是萬惡之源，但如果要使用信用卡，最好能以簽帳金融卡（debit card）每月結清卡債。

利用信用卡購買汽車、沙發和床之類的大型商品，是很合情合理的事，如果你能取得零利率的優惠，就更該用信用卡了。但你必須仔細規畫還款的預算，如果預算已經到達極限，就不要購買了。因為你隨時都可能有意外的開銷，讓你更入不敷出。如果要為了應付卡債而傷透腦筋，那就算你買了再好的沙發也不會坐得安穩。

大多數人都以為自己以後會變得更有錢。信用卡公司就是抓準這種心態，引誘大家透支消費。要避免落入他們的陷阱，就必須有自知之明。如果不放心自己使用信用卡，就把卡交給值得信賴的親密伙伴，讓你偶爾也能刷卡消費，又能馬上結清卡債。如此一來，你的信用評級就會不斷上升，也會得到你需要的貸款。

購買終身受用的產品真的能省錢嗎？

如果你只購買需要的東西，而且能好好珍惜它們，最後你就能省下更多錢，買更多東西。既然這樣比較省錢，在購物時就可以挑選品質更好、製作更精美的產品，每天都能體驗到其中精湛的工藝，享受它帶來的便利。

乍看之下，堅固耐用的產品似乎比較昂貴。關於這點，我也不想否認。但如果你能精挑細選，在一段時間後會發現它們反而比較省錢。

以雨傘為例，一般人每年平均要買一點一支傘，花費約為十七點九四美元。我們推薦的雨傘品牌是戴維克，他們有一款有終身保固的雨傘，雨傘上還內建防遺失晶片。這把傘的售價是一百二十五美元。換算一下，你買了這把傘後，用上六點九年就能回本。

如果之後繼續使用，每年就能省下十七點九四美元的買傘花費。現代人的平均壽命為八十三歲，如果我在八十三歲時壽終正寢，一生中就省下了七百五十四點一九美元。而且這還只是買雨傘省下的錢。如果你買的東西都很堅固耐用，就可以省下一大筆錢。

我並不是在鼓勵你不知節制，購買負擔不起的東西。過著揮金如土的生活，是在為未來的你累積債務；而愛物惜物的生活最強調的，則是愛自己。我希望人們能多買堅固耐用的產品，這樣各製造商也會在耐用度上互別苗頭。有了競爭後，耐用產品的價格也會下降，讓更多人都負擔得起。

在它們的價錢下跌前，若你的手頭很緊，但又想買某個東西，請先問自己以下的問題：

- 我真的需要它嗎？
- 我可以先存夠錢再買它嗎？
- 我可以先借個同款產品應付一時之需，再存錢買新的嗎？
- 我能租到同款產品嗎？
- 我能否在網路或拍賣會上，找到一個還不錯的二手貨？
- 我能在舊物拍賣或慈善拍賣中買到它嗎？
- 我可以等到冬季大拍賣，折扣最低時再購買嗎？
- 它對我目前的生活有多重要？
- 販售商有提供免息信貸嗎？
- 如果我決定編出預算購買它，我能在一年內輕鬆地還清欠款嗎？

・如果可以的話，我能取得的最低信用卡利率為何？
・我能在利率調升前，輕鬆地還清欠款嗎？
・如果我遇上意外之災，完全沒有收入，是否會被這筆欠款拖垮？

金錢和生活方式

人生不可能一帆風順，電影裡的主角多半會時來運轉，變得家財萬貫，但現實生活未必如此。萬貫家財也可能成為過眼雲煙。就算能一直過著錦衣玉食的生活，人們仍擺脫不了「享樂適應」（hedonic treadmill）的魔咒。

所謂享樂適應，就是我們在志得意滿後，漸漸又會對現況感到不滿，希望有更大的收穫。但在時運不濟，必須回到省吃儉用的生活時，就算過去我們對那種生活甘之如飴，現在也會覺得苦不堪言。

如果在獲得加薪的機會後就增加開銷，開始揮霍根本還沒到手的財富，那麼便很有可能自食惡果。

另外要考慮的是，即使賺了很多錢，做的卻是你不喜歡的工作，也可能會深陷痛苦而無法自拔。我認識一些人對自己的工作深惡痛絕，卻又無法辭職。這些工作讓他們苦不堪言，甚至影響到他們的健康。但他們的家人已經習慣了富裕的生活，因此他們只能堅守崗位。

因此在獲得加薪，或找到薪水更高的工作之前，請先想想你的最低生活標準為何。我所謂的最低標準，是指過著簡約的生活，但又不會簡約到毫無樂趣。至於什麼是樂趣，那就見仁見智了。

你覺得哪些是生活必需的事物，哪些又算得上是享受呢？

如何不靠購物獲得快樂

百分之四十的女性，以及百分之十九的男性認為，購物具有紓壓和帶來快樂的效果。百分之九十三的少女，甚至把購物視為最喜歡的消遣。

購物之所以被稱為一種「療法」，並不是沒有原因的。購物能讓我們獲得小小的快感，但這種快感很快就會消失。

如果你想藉著這種短暫的快感，療癒內心的不快樂，那麼你找錯方法了，你的不快樂仍會繼續存在。

在我看來，人們之所以把購物視為自我療癒的方法，是因為我們不清楚什麼是快樂，什麼是快感。快感是頭腦的短期處理區，接收到的一種稍縱即逝的感覺。但就算我們得到一陣快感，其實仍很可能深陷在哀傷中。

快樂並不只是快感。

快樂取決於我們對自己的看法。值得慶幸的是，**我們可以改變對自己的看法**。舉例來說，在求職失敗時，你的頭腦裡浮見的自我形象可能是：「我之所以會一事無成，是因為我總是好吃懶做，又不知節制。我本來應該好好準備面試的，卻把時間都花在追劇。我的女朋友一定不想再和我這樣的窩囊廢在一起。她也許會想和我分手。」

但你也可以換個想法：「我真感到羞愧。我承認自己不夠努力。但我會記取這個教訓，以後會先做好計畫，免得重蹈覆轍。今晚我該和女友去哪裡，慶祝我的東山再起呢？」

要如何看待自己，全由你自己決定。就算你覺得過去的自己很失敗，但誰又沒失敗過呢？**你隨時都可以重新開始，改變自己的未來**。

訂下花費的優先順序

以下是我列出的二十項主要奢侈品，請大家標記出它的優先購買順序。分數為一到二十分，一代表最重要，二十是最不最要。如果在評分時覺得很為難，你可以拿兩項物品做比較，對自己說：「與其把錢花在乙物品上，我寧可花在甲物品上。」看看你是否真的這麼想。也可以把以下物品的順序對調幾次，看看如何才合適。

我並未把一些物品列入下列清單中，因為那些都是非買不可的東西，例如藥、保險、必需的食物、住處、衣服和衛生保健用品。

- 住家的地段。
- 裝潢、家具和住家環境。
- 高品質食物和飲料。
- 社交。
- 健身、運動和嗜好。
- 書籍、電影和音樂。
- 文化活動（如逛博物館或上電影院）。
- 衣服、配件和鞋子。
- 美容和個人美妝清潔用品。
- 賭博。
- 度假旅遊。
- 減少工作時間。

・有意義的工作。
・玩具、新奇發明的科技產品。
・園藝或庭院用品。
・車輛或其他交通工具。
・家中的客房。
・額外的保險。
・禮物。
・娛樂性用藥和香菸。

現在請看看你列出的優先順序，並在每項旁邊寫下你目前每月在此項目的開支為何。但在「減少工作時間」和「有意義的工作」這兩項中，就不必記下開支了，你只要記下這兩個項目的收入為何，並註明和你目前的薪資差距為多少。

請用上下箭頭為記號，說明你希望增加或減少在各個項目的開支。在你的行事曆上標註一個日期，於一年後重新評估這份清單。

你必須常常自我檢討，看看花費是否符合你設定的優先順序。以後在花錢之前，一定要盡量把錢花在優先項目中，你的實際生活才會符合自己心目中的優先順序。

伴侶的優先順序也許和你的並不一樣，這也無可厚非。請坐下和他談談，一起列出共同的優先順序清單。如果意見有些分歧，也沒什麼好大驚小怪的。但如果分歧很嚴重，就必須好好討論，而且一定要保持冷靜，充分體諒和包容對方的立場。

這份清單能讓你了解自己，學會自制。這個方法將讓你過得更幸福，但它絕不是追求幸福的不二法門。我做了很多研究後發現，下列幾件事才是幸福的要素：

- 自由和自主性（主導自己生活的權力）。
- 親密的人際關係。
- 歸屬感和社區意識。
- 不斷成長（不斷改進）。
- 感恩的心。
- 目標和熱情。
- 自我價值和自制。
- 平靜、舒適又充滿活力的生活環境。

本書要教你的，並不只是關於這幸福的八要素，它還能將你的人生導入正軌，讓你更輕鬆得到其他的幸福要素。

以下有些小作業，你可以在作業中思考這些幸福要素，感受到它們的重要性。

自由和自主性

在生活中，人們常常會覺得有種身不由己的感覺，之所以會有這種感覺，通常是因為我們想控制某些事物，卻發現它們並不受控制。

我們真正能掌控的，只有自己的行為和思想。但這就已經足夠了。就算我們受到監禁，仍能擁有一些別人無法剝奪的自由。曾被囚禁在奧斯威辛集中營（Auschwitz）的維克多．弗蘭克（Viktor E. Frankl）說：「你可以奪走一個人的一切，但只有一件事除外，那就是他僅存的自由。在任何環境下，他都能自由決定自己該以什麼態度面對，並選擇自己想走的路。」

找到你的自由

拿出你的責任感，在生活中做出該做的改變。請列出一個清單，寫下你有能力做到和控制的事。也許你會發現這些事還蠻多的。以下是可以考慮的事項：

· 你對待別人的方式和反應。

- 你對待自己的方式和想法。
- 你如何利用自己的時間。
- 你的目標和興趣。
- 你所處的環境，有什麼是你可以控制或改變的。
- 你想和誰在一起。
- 你如何表達自己。

親密關係

哈佛大學曾做過一項研究，這也是針對人類行為和快樂的研究中，歷時最長的一次。研究結果清楚地指出：**良好的人際關係能讓我們更健康快樂。和家人、朋友、群體間的親密關係，對健康有莫大的助益**。膽固醇指數或收入等因素，的確會影響健康，但影響力卻遠不如人際關係那麼大。從另一方面來說，孤獨者的頭腦和身體會比較早開始衰老，但有良好人際關係的人，卻比較不容易因頭腦退化而記憶喪失。

為了培養親密關係，我們必須和自己關心的人保持適當的聯繫。面對面共處是一種無可取代的體驗。人們在面對面接觸時，頭腦會釋出一些化學物質，但藉由科技溝通時，這些化學物質就不會大量釋出。如果你和朋友就是無法面對面接觸，視訊聊天也是個退而求其次的方法，單靠簡訊維持友誼是不會長久的。

和對你別具意義的人保持聯繫

你得抽出時間，和對你關係重大的人定期保持聯絡，你一定知道他們是哪些人。建立一些慣例，例如在每月的第一個星期五舉行男人談心之夜，或定期舉行家族聚會。

有了這些慣例，大家就會在百忙之中，偶爾抽空團聚。和親朋好友的聚會不必太頻繁，重要的是聚會的品質，而非次數。

說到重質不重量，這個理論也適用於人際關係。我們必須在既有的人際關係中，付出更多關懷和愛心，不必汲汲營營地增加一些泛泛之交。

所謂親密，就是無話不說，甚至對自己的臭毛病也能直言不諱，才能培養出肝膽相照的情誼。有一項研究指出，就算是在陌生人之間，只要他們的談話常涉及個人隱私，並有目光交流，很快他們就能對彼此產生親密的感覺，甚至會墜入情網。

歸屬感和群體

人類生來就是要生活在部落或村落中。但隨著個人主義興起，我們的群體意識也愈來愈淡薄，現在我們在乎的多半只是自己的生活。

這種新文化的影響愈來愈強烈，加上現代人都為了生活而各自奔忙，生活範圍多半侷限在小小的核心家庭中，因此我們和社會中的其他成員便愈來愈疏離。這也難怪每五個人中，就有一人認為他很孤獨。

如果我們能感受到自己和家族長輩的關聯性，就會更有歸屬感。因此，請向家族中最老的長輩，詢問所有親戚的生平事蹟。如果可能的話，錄下他們的談話。這樣你的後代子孫也能感受到，他們和列祖列宗血脈相連的關係。

如果想擁有歸屬感，可以常和某群朋友或一些志同道合的人聚會，互相交換個人意見和個人隱私，讓這個團體更有凝聚力。此外，也可以用相同的方法，和社區中的人培養感情，你生活在社區內，就會覺得更安全自在。能在生活中獲得平靜，幸福感也會因此提高。

找出志同道合的人

不管身在何處，你總能找到一些志同道合的人。這種人不必多。當然，你可以在網路上找志趣相投的人，但如果你想得到真正的歸屬感，一定要親自和他們見見面。

自我成長

如果我們想要感到快樂，必須感受到生活正在好轉，或有好轉的契機。我認為人之所以希望自我成長，是因為想在生命中留下痕跡，不想活得庸庸碌碌。活得精采時，你的頭腦也會覺得快樂。

頭腦會想像出未來的情景，讓你看到自己的成長，你也會因此而快樂。《過得還不錯的一年：我的快樂生活提案》（*The Happiness Project*）的作者葛瑞琴・魯賓（Gretchen Rubin）曾描述到，她的父親在晚年放棄了網球，全心投入高爾夫球，因為他的網球愈打愈糟，但高爾夫球卻不斷進步，他也因此樂在其中。

日新又新

請訂下每天的成長目標。以下是你可以選擇的目標：

- 學習一些新事物，例如用吉他彈奏一首歌。
- 培養一段新關係。
- 學習一項新技能。
- 製作一件作品，例如編織一條圍巾，或寫一本代表作。
- 在花園中栽種。
- 讓小孩增廣見聞。
- 開拓自己的世界觀。

感恩的心

感恩對我們有很多好處，也是對抗快樂殺手的良藥。我所謂的「快樂殺手」，指的是和他人比較的習慣。這種風氣於社群媒體甚囂塵上。

密西根大學的一項研究指出，愈常使用臉書的人，對自己的生活愈不滿意。這是因為，當你看到大家都在臉書上炫耀生活的精采片段，更會覺得自己的生活乏善可陳。這可能會導致各種身心不適。

就算情況正好相反，我們透過臉書，覺得自己過得高人一等，也未必是件好事。如果擁有感恩的心，就不會想和別人一較長短或羨慕別人，只會對自己現有的生活心存感激。

我們也會了解，那些過得看似春風得意的人，生活過得未必比較美滿。有些人家財萬貫，不但才智過人，又受到眾人喜愛。他們看起來很成功，卻過得很不快樂。

有些人又窮又病，甚至在鬼門關前掙扎，但他們的內心卻充滿喜樂。要過得快樂或不快樂，那是存乎一心，操之在己的事。也許我們對生命中的很多事都沒有決定權，但要對人生抱持何種態度，全是由自己決定的。

樂觀看人生

每天的清晨和傍晚，請想想一至三件你應該對它心存感激的事。以我為例，以下就是我早上的感恩事項：

一、我很感謝健身房就在我家附近。

二、我很感謝家中的小玫瑰樹要開花了。

三、我很感謝今天先生可以在家工作。

此外，你也可以反複告訴自己一些金玉良言。對自己說上幾次：

・我選擇了自己的生活方式，我很滿意我做的選擇。

・我是個安貧樂道的人。

・我很感謝在我的生命中有這麼多好人和美好的事物。

・不管別人如何批評，我都不會嫌棄我目前的生活。

你或許常會這麼想：「因為沒有得到某個東西，或完成某個夢想，所以我的人生仍不夠圓滿。」但你也可以換個想法：「我可說是芸芸眾生中的天之驕子，因為別人都不像我這麼安貧樂道。」

只要換個想法，你就可以欣然做自己。這並不是自欺欺人的想法，而是事實。你或許會認為，這種心態是否太自甘墮落了？有些人認為不知足是件好事，如果安於現狀，就會失去鬥志，覺得生活索然無味。但如果你在物質生活上已經別無所求，就不必再為了滿足物欲而努力，可以全心去做想做的事，從中得到樂趣。這時你依然是個「不知足」的人，但你追求的是人生中的理想，例如解決一項難題、創造出一件非凡的作品、幫助需要幫助的人、增廣見聞，做些讓自己引以為豪的事。這樣的話，你就能得到更大的滿足感。

目標和理想

我曾在第七章談過如何尋找人生目標，但如果你想找到真正在乎的事，就必須先放空自己，找出心的方向。

• 過一個有自覺的週末

如果你總是忙著玩手機、聽音樂、聽廣播或看電視，請為自己安排一個清靜的週末，排除一切日常生活中的干擾。

請隨身帶著一本筆記本，記下你在想些什麼。如果你也不知道自己在想什麼，可以試著寫下五個句子，句子的開頭是「我常會想……」。

接著挑選一個答案，以這個答案為起點，讓思緒不斷延伸，延伸到你無法預期的地方。

也許想著想著，你就能找到自己的目標和理想。也或許你會發現思緒雜亂無章，但只要能想到一些有趣的事，就不算白忙一場。

• 自我價值和自我控制

很多人寬容地對待朋友或重要的人，對待自己卻很苛刻。在探討自我肯定議題的專家中，伊莉莎白．吉兒伯特（Elizabeth Gilbert）是我最喜歡的一位，她曾問道：「你對地球上的所有生物都充滿慈悲，為何不肯分一點慈悲給自己呢？」

這段話中最重要的詞就是「慈悲」。

我們應該要慈悲地對待自己，而不是崇拜自己。肯定自我價值，並不是要你覺得高人一等，妄自尊大。它的真義是要我們不要自輕自賤，要懂得尊重和體貼自己。如果能深刻地體認這一點，你目前認為的難題，其實都不那麼困難了。

• 做自己的朋友

你應該把自己當成朋友一樣對待。以下是友善對待自己的一些重點。

自我喊話：

每天早上都要宣誓。剛聽到這個建議時，我只覺得這種舉動既老套又幼稚，而且讓人難堪。但我仍照著做了。對著鏡子鼓勵自己是件很詭異的事，但這招確實很有效。我會告訴自己：「你喜歡天天吃新鮮又健康的食物。」後來經過麥當勞，看到蘋果派在向我招手時，腦中又輕輕傳出這句話，讓我成功抗拒它的誘惑。

如果你希望自己變得如何，就告訴自己你已經是那樣的人。例如「我的幹勁十足」、「我很有耐心」、「我對自己充滿信心」。不妨試試看會有何結果。

此外，請對自己好一點。例如可以對自己說：「今天真是諸事不順的一天，但我的表現已經很棒了，我很滿意。」

從別人的角度看自己：

想個欣賞你的人，從他的角度看你自己。

相信自己：

肯定自我價值和自信有著極密切的關係。如果過去你曾讓自己失望，也許要花很久的時間才能重新建立自信。因此，請先訂下一些小目標，每天早晨對自己做些小承諾，並確實做到。

就算只是把你原本要做的事當成承諾，也沒有關係。你可以做出各式各樣的承諾，例如「我承諾要去整理床鋪」，或「我承諾要拿一片蛋糕當點心，好好犒賞自己」。在就寢前，請謝謝自己能信守承諾。

在不久後，當你相信自己能做到所有承諾時，就可以做些更大的承諾，例如「我承諾會去找新工作」，或「我承諾會早點起床做運動」。很快地，你會對自己充滿信心。即使偶爾犯了錯，也不會影響你對自己的信心。

平靜、舒適又充滿活力的環境

如果把眼光放遠，購買符合自己價值觀的高品質產品，這樣你的家會變得更像一個避風港，而不會是壓力的來源。愛物惜物的生活能幫你打造出這樣的家。

- **改善住家的氣氛**

我要再給你一個工作，請你在這週進入家中每個房間時，觀察一下自己的心情。你能立刻做些什麼，讓房間變得更有吸引力、更平靜舒適、更有趣嗎？

請寫下你對家裡的一些長期目標。你必須按部就班地規畫，先寫下你希望讓每個房間變成什麼樣子，再研究該如何完成這些目標。

希望這些建議和練習，對你會有些幫助。我們都很明白，快樂多半和我們擁有的財富無關。雖然如此，就花錢的方式而言，仍是有好壞之別。

哪些花錢方式會讓我們最快樂？

哈佛商學院曾進行一項實驗，提供受測者一定額度的錢，讓他們自由花用，可以花在自己身上，也可以花在別人身上，並觀察受測者的心情。實驗發現，那些把錢捐給慈善機構或送給別人的人，愉快的情緒會持續數小時；而把錢花在購物上的人，一整天的心情都沒有變得更快樂。這就證明了就花錢而言，獨樂樂真的不如眾樂樂。如果你也想感受分享的快樂，請挑選一個你每年都想去資助的慈善機構。在經濟許可的範圍內定期捐獻，就能感受到為善常樂的意義。

所有證據都指出，除了無私的付出，最快樂的花錢方式就是拓廣見聞。

詹姆斯．沃曼（James Wallman）的《物滿為患》（*Stuffocation*）是一本出色的作品。他在書中旁徵博引地暢談到，為何經歷能帶來的快樂，要比物質來得多。書中有五個主要的觀點，這些觀點都有科學佐證：

- 當我們買到不該買的東西時，這個東西會一直在那裡，讓我們每看到都要難過一次。但就算我們有過不好的經歷，我們卻常會回憶起它，把它當成談笑的話題，覺得這是不經一事不長一智的教訓。

・有形物品會讓頭腦「日久生厭」。剛被購入時還很有新鮮感，但不久後，我們就會感到厭倦，想買其他的東西。經歷卻能愈陳愈香，歷久彌新。
・我們在挑有形物品時，常擔心會吃虧上當。但在考慮進行某項體驗時，卻比較少有這種顧慮。此外，別人常會對我們買的東西挑三揀四，但我們和他們分享自己的體驗時，就比較不會受到批評。
・和擁有的東西相比，我們的經歷更能說明我們是怎樣的人。
・經歷能拉近我們和別人的距離。和他人分享自己的某段經歷，或參加某個活動的體驗時，也會覺得和對方變得更親密。

我還要補充幾點：
・好好體驗人生，能讓我們更懂得活在當下。
・透過各種體驗我們將更加了解自己。
・不同的體驗，能讓我們保持好奇，不和世界脫節。
・我們對不同體驗的渴求，遠超過對購物的渴求。這是因為驗體人生能帶來快樂，就算回想起來仍樂趣無窮。

・在期待某種體驗的來臨時，我們會感受到比擁有某個有形物品更大的快樂。

研究證明，如果能利用付費服務省下時間，也能讓我們更快樂。如果某個東西能持續帶給我們精采的體驗，那麼它就值得購買——如果只是為了擁有名車而買車，這種興奮感很快就會消失；但如果買了敞篷車，是為了享受行駛時清風拂面的感覺，那每次開車出遊都將是一場美妙的體驗，雖然頭髮難免會被風吹亂。

第十四章 我們到底想從中獲得什麼？——從愛物惜物的角度談成功

維克多．巴巴納克（Victor Papanek）是一位設計大師和思想家，早在一九七一年，他就曾警告我們，大眾對丟棄家具、汽車、衣服和電器已經習以為常，不久後，大家就會覺得婚姻和其他人際關係也都是可拋棄的東西，甚至會覺得連國家或整個次大陸都像面紙一樣，可以用過即丟。

本書有個小小的目標，希望能幫助你清除多餘的物品，教你如何針對目前和未來的需求，精心挑選一些未必完美無瑕，但絕對符合個人需要的物品，並好好珍惜它們。把這些物品帶回家後，就能打造出一個安身立命的避風港，讓你能自由自在地做自己。

此外，本書還有個更大的目標，是幫助你重新省思有形物品的價值，重建與自己的關係。

如果有個外星人正在觀察地球，很可能會覺得人類的生存目的，就像是玩貪吃河馬遊戲一樣，要在有限的一生中盡可能囤積物品。

我在撰寫本書時，有項驚人的發現，我們每天聽到或看到的許多訊息，都以不著痕跡的手法，誘導我們相信這就是人生的目的。

也就是說，如果我們擁有某些東西，或生活過得像某人的 Instagram 一樣精采，我們的人生也就愈豐富、充實和有意義。

人們通常死到臨頭時，才會了解財物都只是過眼雲煙。我希望本書能讓你重新思考，堅定自己的立場，不受物質誘惑。

愛物惜物是一種簡單的生活方式，卻也是一個很不容易的目標。並非因為它很難實踐，而是因為在消費主義當道的現代社會，如果我們不能堅決抗拒誘惑，很容易就沉淪在物欲的洪流當中。

如果你不想沉淪，可以複習之前做過的作業，做多少次都沒關係。另一個更好的方式是，把你學到的方法教給別人，在傳授的過程中，你將得到更深刻的體認，這就是所謂的教學相長。

人生的目的為何？什麼是成功的人生？這些都是見仁見智的問題。本書希望幫助你找出自己對目的和成功的明確定義。

如果你仍無法確定自己的目的和對成功的定義，可先想想你心目中的典範，那些過著眾人皆醉我獨醒的生活的人。比爾・華特森（Bill Watterson），是我心目中的楷模之一。廣受歡迎的連載漫畫《凱文與虎伯》（*Calvin and Hobbes*），就是出自他的手筆。華特森曾將漫畫角色製成商品，推出虎伯玩偶和凱文保險桿貼紙，內心因此飽受煎熬。他知道把漫畫角色商品化後，他便違背了創作的初衷。原本他是為了創作而創作，但為了討好消費者，他犧牲了創作精神，讓漫畫角色失去靈魂。在喪失創作精神後，金錢就成了他追求的意義。華特森在一九九〇年回到母校的演講中，給學生以下的建議：

「我們所做的每個決定，都是在向世人昭告我們是怎樣的人。請好好想想，成功有很多種，而你想在你的一生中，讓自己成為怎樣的人？只有極少數人敢去追求靈魂渴望的目標，創造出能反映自己價值觀的人生。身處在這個物欲橫流、窮奢極欲的世界，一個樂於追逐自己夢想的人，常會被當成怪胎，甚至是恐怖分子。」

對我而言，這就是成功。創造出自己生命的意義並不是容易的事，但那並不犯法，而且我相信你會因此變得更快樂。

展望未來

即用即丟這個文化的藉口之一，是快速生產能刺激經濟發展。依照這種邏輯，如果我們開始購買終身受用的商品，經濟是否會因此崩潰？簡單地說，經濟不會因此崩潰，只會繼續演進。

在汽車問世後，人們就不再花錢購買馬和馬車。同樣的，人們開始精挑細選後，也不會再花錢購買即用即丟的商品，而會把錢花在更耐用的產品和維修服務上。在開始購買終身受用的產品後，人們會發現這樣反而比較省錢，而且可支配收入也會變多。

這些多出的錢會流入三個地方：首先是服務和各種體驗上，例如更常出外用餐，或把錢花在喜愛的嗜好上；接著是投資某些公司，讓它們能成長茁壯；最後則是把錢存起來。銀行擁有的存款愈多，就能將更多資金投資在基礎建設和永續能源的開發上，並針對人類當前的問題研究解決之道。

最有前景的公司將會朝著循環經濟模式（circular economy model）發展。在這種模型中完全沒有任何廢棄物，產品以永續性、回收再製或可回收材料製成，設計的理念是達到最長的使用壽命，並能讓最多人使用。

很多公司都開始朝租賃模式發展，例如共享汽車和出租伸展臺（Rent the Runway）。如果現在就開始調整，經濟也能自然又緩慢地改變。如此一來，產業界、各大公司和相關職業，都會有充分的適應時間。這比禍到臨頭時，才被迫做出巨大改變要好得多了。

目前的經濟結構，必須在成長下才能維持穩定。因此各國政府都盡其所能地要人民別窮緊張，繼續消費，一點也不在乎這樣是否有利於人類的長期福祉，或是否會影響到地球的環境。這是因為政府常會改朝換代，當權者沒什麼興趣通過要經過漫長歲月才會開花結果的政策。

提姆・傑克遜（Tim Jackson）教授在他的著作《非成長式的富足》（*Prosperity without Growth*）中，提出另一個選項。

他要我們重新定義富足的意義。你不一定要有一艘遊艇，和一座位在法國南部的別墅，才稱得上富足。

富足也可以是一種幸福的感覺，一種生活在豐衣足食社會中的幸福感。

不平等會在社會中造成怨恨和猜忌。如果你生活在一個只有一百人的小村子，其中一人壟斷了全村一半的財富，很多人卻過著有一餐沒一餐的日子，你會有怎樣的感受？

其實這個村子正是當今世界的寫照。目前全球的貧富差距極大，且情況仍在惡化中。制定遊戲規則的通常是有錢人，因為遊戲也變得愈來愈偏袒有錢人。

如果我們希望可以不再依靠提高資源利用，重建公平永續的經濟結構，就必須發揮想像力，並拿出勇氣全力以赴。

我們的生活絕對可以變得更清心寡欲、更平等、更同舟共濟、更環保、更永續和更快樂，但我們仍要靠有遠見的政府、企業和社群領袖，先提出這樣的願景。這並不是癡人說夢。挪威和丹麥是當前最接近這種大同世界的國家，這兩個國家的幸福指數也高居全球之冠。

當前的危機

據估計，如果全球人民都想過著西方世界水準的生活，那我們必須有四個地球的資源，才能供養全人類。

亞洲、非洲和南美洲各國的生活水準正不斷提升，因此我們必須盡快找出其他生活方式，不能再仰賴無止境地消費和經濟成長。之所要這樣做，不只是為了避免耗盡有限的資源，也是為了拯救處於氣候變遷危機中的地球。

從十九世紀末到現在，地球的平均溫度已經上升了攝氏零點八度。美國第四十五任總統退出巴黎氣候協定（Paris Agreement）時，我感到相當難以置信和憤怒。

該項協定的目標，是把全球氣溫的升幅控制在攝氏兩度以內，但就算全球氣溫只升高一點五度，一些災難性的效應就會出現。

薩利姆．胡格（Saleemul Huq）是國際氣候變化與發展中心的主任，這個研究中心的所在地孟加拉，已經深受氣候變遷的影響。胡格警告說：「如果不能把全球升溫的幅度控制在攝氏一點五度以內，人類將會面臨氣候變遷帶來的嚴重影響，全球最貧困的數億居民也只能坐以待斃。」

若全球暖化的情況仍得不到改善，極地冰冠將會融化，海平面也會因此上升兩百一十六呎。就算是位於溫帶的英國，氣溫也可能達到攝氏四十五度（華氏一百一十三度），柏油路面和電纜也會在高溫下融化。非洲的很多地區會熱得不適合居住。丹麥、馬爾地夫和一些國家將完全被淹沒。威尼斯和一些美麗的大城市，也會成為現代版的亞特蘭提斯。

全球有三分之一的淡水會消失，美國和澳洲東岸都會被海水淹沒，紐約、波士頓、整個佛羅里達州、雪梨和布里斯本都會沉入海中。專家大多認為最晚在二一〇〇年之前，全球氣溫上升幅度就會大幅超越攝氏兩度，到達攝氏四度的關卡。我和先生還有生兒育女的打算，我們的兒女將在他們的有生之年見證這場大浩劫。

但我們仍有一絲希望，這一絲希望就是我們自己。世界上一半的溫室氣體排放，是由百分之十的人所造成的，我是其中之一，你可能也是。

我們除了感到內疚，更應該體認到自己肩負著重責大任——如果我們做出正確選擇，就能造成最大的影響。西方世界某個高消費的個人或家庭，若決定過著愛物惜物的生活，他們能減少的二氧化碳排放，會比一個原本就過著簡樸生活的人還要多得多。

早在幾萬年前，人類就演化成一種互助的動物，能平等對待並幫助家族部落中的成員，一起抵禦其他部落，並和他們競爭。現在我們的部落已經縮小成核心家庭，或只是孤家寡人。但我們要依靠的人卻變多了，變成全人類和整個自然生態系統。

不管你願不願意，全世界都是我們的部落。**地球的體質很脆弱，因此大家都是同生共死的生命共同體。我們不能只指望政府或科學家來拯救我們。如果我們要為子孫留下一條生路，就必須當仁不讓地負起責任。**

如果你只是個市井小民，請依照本書的方法做出改變，並在不惹人厭的程度裡，推廣愛物惜物的道理。請加入「終身受用」網站，把我們的理念推廣到全世界。

如果你是公司的經營者，請和我們聯繫，我們有很多可共同合作的事項。

如果你是一隻貓，請繼續做隻貓。你一直做得很好。

第十五章 成為精挑細選高手的十個祕訣

一、看清各種蠱惑人心，讓你盲目消費，無法精挑細選的花招。
二、利用我教的技巧，擺脫外界操控，獨立自主地細心選擇。
三、找出人生的理想。
四、找出能讓你達成人生理想的長期優先考量因素。
五、不必考慮購買的東西，是否能彰顯出你的身分。只需要想想哪些東西符合你的考量，又能讓你過得舒適。
六、找出你最基本的美學觀、自我風格，和適合你需求的物品。
七、找出你的價值觀，和最能反映這種價值觀的品牌。
八、列出你擁有的物品清單，以便了解自己的品味、優先考量因素和購物習慣。
九、丟掉多餘的東西，並認清哪些是你不需要的東西。
十、既然你已經知道自己的長期優先考量因素和品味，在購買每個新物品時，一定要考慮到它們。

後記

我七歲時，喜歡和我最好的朋友坐在學校圖書館裡，計畫該如何「拯救所有動物」。我們決定要把理念傳播出去後，就用我爸爸的手電筒和紙箱，製作了一個投影機，並剪出字母貼在透明膠帶上，在我臥室的粉紅牆面上，投射出「拯救世界」的訊息。

興奮之餘，我們又計畫找個更強的光源，把這個訊息投射在月球上。如果我們的計畫成功，人們就會停止污染，開始回收資源，我們也能達成拯救世界的目標。令人遺憾的是，我就算用上爸爸最強的手電筒，仍無法把訊息投射到月球上。

二十年後，我投入廣告業，工作得並不開心。我曾有過成立「終身受用」網站的念頭，但卻拖了好幾個月都沒有開始。

我不知道如何製作網頁，對經營生意更是一竅不通。最後我問自己：「如果這個公司不會賺錢，你還希望它存在嗎？」

思考後，我發現自己的目的並不是賺錢，一旦想通這一點，一切就變得豁然開朗。有位記者在推特上找到我，詢問是否能報導我的計畫。我當時仍未做好創業的準備，但我覺得就算我準備得再周全，自己可能也不會有滿意的一天。

二〇一六年一月，《每日電訊報》（*United Kingdom's Telegraph*）刊出一則報導，標題是〈終身受用購物的興起〉，接著我的生意一飛沖天。突然間，大家都來逛我的網站。電子郵件紛紛擁入，信件多到讓我來不及收信。

之後，網站便從我家餐桌上的電腦，發展成有七個優秀成員的辦公室。在二〇一七年，有超過兩百萬人造訪過我的網站。全球各地的人們紛紛和我們聯絡，詢問我們需要什麼協助。我的夢想是將「終身受用」發展成一個社群，讓一群志同道合的人組成一個部落，共同抵制粗製濫造的產品，打破陳規，製造最好的產品，把即用即丟的文化丟進垃圾筒。

大家都看過我的故事了，童年時的手電筒已成為我長大後的明燈。這盞明燈就是我一直堅持的、保護地球的理念。

這個理念很淺顯易懂，連小孩都能理解，而且人人都知道它的重要性。我們既有的購物方式已經行不通了，購買的東西也都很不經用。但我們可以擺脫這種循環。如果我們只挑選自己喜歡而且又耐用的東西，在購買後好好珍惜它們，也許就能拯救世界。

謝謝你撥冗讀這本書。

致謝

一本書的問世，絕不是一個人努力的成果，而是一群人共同的心血結晶。因此我要在此感謝那些為本書催生、陪著它成長茁壯、提供寶貴建議的人。

我很感謝埃斯德．哈姆斯沃斯（Esmond Harmsworth）的啟發，讓我發展出「終身受用」哲學，並將它寫成這本書；他在我寫書的過程中，也堅持不懈地一直幫忙我。很感謝十速出版社（Ten Speed Press）的凱莉．史諾登（Kelly Snowden），謝謝你對我的信任和了解，也謝謝你幫忙在美國出版這本書。

本書是眾人智慧的結晶，很感謝他們無私地花時間幫忙，並提供各自的專業知識。我很謝謝西奧．戴維斯，他曾和我分享他對銷售人員心態的深入見解；此外，他曾在大學裡花了十八個小時幫我編辮子，我也因此體認到我並不適合髒辮髮型。這次的驗讓我有了更好的自知之明。

很謝謝心理學家琳恩．德羅蒙，謝謝她在假期開始前，還在百忙之中抽空接受訪問，讓我了解到囤積症形形色色的面貌。

謝謝我親愛的姐姐茱莉亞，謝謝她教我該如何蒐集資料，購買能讓我終身受用的嬰兒用品。我的姐姐一直是我效法的對象。我希望有天能和她一樣，出去時只帶個簡單的行囊。湯姆．勞頓是一位精通各領域的工程師，他曾向我介紹他們遇上的困難，和產業界一些積重難返的惡劣行徑。我曾向索爾．強生（Thor Johson）詢問大企業的內情，很感謝他對我的問題總是知無不言，而且他也是業界少數有良心的人之一。

很感謝催眠治療師海倫．克拉文和克蘿伊．布洛特里奇，謝謝她們讓我從催眠治療的角度，深入了解行銷和廣告的手法。

謝謝班．夏爾斯，他是個勇敢做自己的人，在他的影響下，我才開始追求自己的風格。很感謝傑佛瑞．米勒的好書《不得不買》，它不但讓我讀得如癡如醉，也讓我了解到人們很多奇怪的消費習慣。此外，我們曾在劍橋會面，一起參加抗議，我很感謝他當時親切的態度，和對我的鼓勵。

提姆．庫柏（Tim Cooper）和克莉斯汀．柯爾（Christine Cole）是PLATE產品壽命和環境會議（Product Lifetimes and the Environment）的成員，我曾向他們提出各種問題，很感謝他們的熱心回覆。

大英圖書館的傑若米（Jeremy）是指導我研究的導師，大鬍子是他的特色。他總是能找到我需要的資料，也總能設法把資料交給我，讓我非常感激。此外，我也要感謝我的祖母露絲（Ruth），謝謝她告訴我很多有趣的陳年舊事。希望你能繼續寫信給我，和我分享你的感想。

本書出版前，只有一些人看過我的初稿，但這些人都為了讓這本書變得更好而各盡所能。作家勞拉．穆卡（Laura Mucha）是我以文會友的同好，她幫我整理了我雜亂無章的思緒。為了讓我頭腦清醒，她曾帶著我在土耳其的一處屋頂上跳舞。我之所以能鍥而不捨地完成這本書，主要也是因為受到她的精神感召。如果沒有你，我真不知道自己是否能堅持完成這本書。

我的初稿原文有彆扭的文法，思緒雜亂無章，邏輯跳躍，而且常會東拉西扯，多虧阿曼達．薩克斯比（Amanda Saxby）的修改，它才變得如此通順流暢。塔斯米娜．霍克（Tasmina Hoque）和克拉拉．科陶德（Clara Courtauld）是我的伴娘，很感謝她們在幫忙閱讀初稿時，提供了很中肯的建議和鼓勵。

我也要謝謝海蓮娜，因為書中提到的兩個花費無度的小故事，就是她提供的。莎莉．尼可拉斯（Sally Nicholls）和瑪麗安娜．鮑爾（Marianne Power）是我討論遣辭用句的好伙伴。此外，我也要感謝她們幫我應付一些要求短評、代言和催稿之類的電子郵件。

我也很感謝巴斯大學（Bath Spa University）的「兒童文學創作」（Creative Writing for Young People）課程，尤其感謝茱莉亞．葛林（Julia Green）和尼可拉．戴維斯（Nicola

Davies），雖然這本書並不是兒童讀物，多虧了你們兩位傳授的寫作技巧，否則這本書一定會失色不少。

埃文．齊利齊不遺餘力地推動減少雜物運動，很感謝他對我毫不保留的指教。此外，我也要感謝強納生．懷斯（Jonathan Wise），謝謝他讓我認清人類面臨的迫切危機。最後我要謝謝一些優秀品牌和公司，他們向世人證明了，在兼顧環保和民眾需求的情況下，企業仍能靠各種方式賺取利潤。他們將是扭轉人類處境的關鍵力量。

我要感謝「終身受用」的核心工作人員，沒有他們的幫忙，本書連一頁都不可能寫完。多謝他們在我窩在小屋裡埋首寫書時，仍能讓網站順利運作。莉莉、詹姆斯、阿曼達和喬，是一群充滿熱情又無法取代的員工，謝謝你們。謝謝露西．羅賓遜（Lucy Robinson）對我的不斷鼓勵，和她嫻熟的公關手腕。

最後要謝謝我的部落。謝謝馬克當我的第一位讀者，他不但在閱讀初稿時一再為我打氣，也是「終身受用」網站的催生者。謝謝媽媽、爸爸、朱爾斯、基爾，和我的家人。謝謝海耶斯、米利根和塔斯克等幾家人，雖然有些人遠在海外，但我仍能感受到你們所有人溫暖的關懷。

謝謝科恩的部落，尤其是芭芭拉，謝謝你讓我加入你們充滿活力的家庭。你是個一絲不苟的女孩，你絕對想不到你對我的幫助有多大。請堅持做你自己。

我最要感謝的就是親愛的霍華德。當你未來的老婆在截稿期限前夕，通宵達旦地堅苦奮鬥時，你義無反顧地扛起了籌畫婚禮和煮晚餐的重責大任。

如果沒有你，我真不知該怎麼辦。我愛你。

〈附錄一〉維護和修理

這份手冊並不完整，但足以做為你維修家中大部分物品的參考。我的建議是，除了照著這個手冊維護外，網路上也有製造商和民眾自製的影片，能為你清楚示範以下的方法；但希望你能專心看影片教學，不要邊看邊和貓玩。

一、家庭用品的維修：

以下的維修工作項目，能幫助你擬訂維修計畫，讓家庭用品達到最長的使用壽命。

- **每日的工作**

家具或衣服一有髒污就要盡快清潔。軟體要按時更新，免得被駭客入侵。

- **每週的工作**

幫家具和家裡各處吸塵、擦拭和清潔。定期以皮革保養劑擦拭常穿的皮鞋、清洗該洗的衣服、清理洗碗機的濾網。

● 每月的工作

清除咖啡機的水鏽。

以皮革保養劑保養常用的皮包和較少穿的皮鞋。

把該縫補的外衣縫補好。

● 每三個月的工作

為木砧板和木湯匙上油保養。

把醋冰凍成小塊，再投入垃圾處理機。

檢查煙霧偵檢器。

如果你有軟水機的話，也請檢查它。

● 每六個月的工作

好好為全家大掃除。

將床墊翻面，用吸塵器清潔。清洗枕頭和羽絨被、擦亮木製家具。

好好清理冰箱。

清理冰箱的冷凝管，為冰箱的膠條塗上凡士林。

讓洗衣機和洗碗機運行自動洗淨行程。

檢查排水溝。

●每年的工作

把你所有的物品列成清單（參見第八章）。

把皮夾克送去皮革洗整店清洗。

把刀磨利。

清洗抽油煙機的風扇濾網。

檢查廚房和浴室磁磚的填縫泥。

清除熱水器和鍋垢及積鏽，並請人維修鍋爐。

檢查住家的屋頂和外牆，最好是在春天和夏天時檢查。

把家中鬆動的螺帽和螺絲鎖緊。

清潔房屋外部的木製部分，也可評估是否要重新油漆和填縫。

●每兩年的工作

找一位專業師傅徹底清潔室內裝潢和地毯。

二、保養皮革製品：

皮革是很耐用的材料，而且使用愈久愈有韻味，前提是你必須好好保養它。在購買皮革製品時，一定要先向製造者詢問最佳的保養方式。以下是我建議的保養方法。

在剛購買時，請在皮革上噴一些防潑水劑。

用溫和的洗手皂或洗面皂清除一般髒污。

用短毛刷刷掉泥巴或灰塵，再用擰得很乾的布擦拭。

用油性或乳霜滋潤保養劑保養它。

用幾條舊圓領衫之類的布，以畫小圈圈的方式擦亮皮革，接著再用另一塊布擦去保養油。

就算用透明保油擦亮皮革，它的顏色也會略有變化，因此應該先挑個不顯眼的小地方試擦一下。

如果每天都會使用某個皮包，請每兩週清潔、保養和擦亮它一次。

必須定期清潔、保養和擦亮鞋子。如果你想盡可能延長鞋子的使用壽命，每穿十次就要徹底清潔保養一次。如果你的鞋子很珍貴，每穿一次就要保養和擦亮。

衣服也要視需要清潔保養。除了用肥皂清潔外，也可以用蒸汽清潔，再用擰乾的布擦拭。

如果有特別喜歡的衣服，就每年把它們送去專業洗衣店清洗一次。

如果你的衣服或家中裝潢，被墨水弄髒了，可以用髮膠或酒精擦拭。

水會對皮革造成嚴重傷害。但萬一不小心把水灑在皮革上，趕快找一塊乾淨的布或毛巾把水吸乾，讓皮革自然乾燥。如果用吹風機直接加熱，可能讓皮革變乾變硬。

皮革也可能被刮傷，因此在行走時要小心，不要讓皮鞋被粗糙物體磨傷，也不要讓皮包被尖銳的東西鉤住。

麂皮上的污點，請用麂皮專用刷輕輕刷拭，先朝一個方向刷，接著再逆向刷。如果是無法用毛刷清除的水漬，請先刷拭一次，噴上一點水，再趁麂皮仍濕時重新刷拭一次。

皮革不該被儲藏在高溫或低溫中，也不該被陽光直接照射，否則就會褪色和受損。

不要把皮包或麂皮包保存在不透氣的盒子或袋子裡。皮包必須被存放在通風處，否則就會生黴。請把皮包放在布製防塵袋或枕頭套內，在保存時也不要擠壓或摺疊它，免得出現永久性的裂紋。

有些人會把皮鞋裝在買鞋時所附的鞋盒中，這是很好的方法，對造形特殊的鞋子尤其好用。

你可以用木製鞋楦，維持特殊造形鞋子的形狀，也可以在鞋子裡塞衛生紙（木楦和衛生紙都能吸收殘留在鞋內的多餘濕氣）。

不要把鞋子放在會被日曬或累積灰塵的鞋架上，因為陽光和灰塵都會縮短皮革的壽命。把鞋子放在衣櫥的最底層，不然就放在鞋櫃或抽屜裡。

在夏天收藏皮夾克前，一定要先做好清潔工作。在衣袖處塞一些衛生紙或報紙，以固定它的形狀。用堅固的寬衣架掛好後，再用收衣袋或舊床單包住它。

三、衣服和紡織品的保養

洗衣

如果你有很多必須手洗的高級紡織品，並為此感到困擾，建議你以後去買棉、竹纖維和萊賽爾纖維（lyocell）布料的衣服。

洗衣服時，請盡可能降低水溫，洗衣劑愈少愈好。你可以試試我的方法，看看效果如何。如果可能的話，就讓衣服自然風乾，因為乾衣機會讓衣服褪色縮水，而且很耗電。

衣服其實不必很常洗。你可以把衣服輪流換著穿，讓它們有機會透氣通風，如果某件衣服看起來不髒，聞起來也不臭，那你大可不必穿完就把它丟進洗衣機。因為衣服愈少清洗，壽命就愈長。

這個道理也適用於乾洗。如果你可以只清潔一小塊髒汙，就不必整件衣服送去乾洗，這樣也更省時省力。

但如果你的衣服已經沾滿臭汗，就該立刻清洗，否則衣服就會長黴，長黴會留下污漬，並對纖維造成損壞。

在洗衣服前，一定要看看標籤上的清洗方式，並翻出口袋內的所有東西，再把衣服丟進洗衣機。如此便能避免衣服起毛球，印刷圖不致褪色。如果是比較脆弱的衣物，就先把它們裝進洗衣袋再清洗。

燙衣

在燙衣服時一定要設定正確的熨斗溫度，很多衣服都是在熨燙時一命嗚呼的。如果你不確定某件紡織品是否能熨燙，不想輕易冒險，只要把它掛在充滿蒸氣的浴室裡，衣服上的很多皺紋就會消失得無影無蹤。

• 泳裝和高級內衣

去泳池或海灘後，一定要漂洗泳裝。每穿幾次後，就必須用洗衣精手洗，這樣才能延長它的壽命。

不可以擰乾泳裝，免得讓纖維變形。只要稍微擠壓它，再把它平放在室內陰乾，因為日曬可能會讓泳裝受損。

蕾絲之類的高級內衣應該先用手洗，之後再徹底漂洗。清洗內衣時，一定要將深色和淺色內衣分開，因為白色高級內衣很容易被深色內衣滲出的顏料染色。

・喀什米爾山羊絨

喀什米爾山羊絨是一種很高級的紡織品，但它也非常脆弱，請盡量不要太常清洗它。清洗時必須以冷水手洗，並使用羊毛專用的洗衣精。洗完後要把它攤平陰乾，免得它變形。

・棉織品

可以用熱水和洗衣機清洗棉織品，洗完後要漂洗兩次，才能讓它保持柔軟。用漂白水讓它恢復潔白，在熨燙時也可以使用最高溫度。

・牛仔布

清洗牛仔褲時，請盡量採用局部清洗，因為用洗衣機清洗牛仔褲可能會讓它變形。也可以把牛仔褲放進冷凍庫殺菌。

偶爾要把牛仔褲翻面，以精緻衣物洗衣液清洗，也可以在浴缸中清洗。但你必須單獨清洗牛仔褲，因為它可能會弄傷你的其他衣服。

在清洗時加入一杯白酒醋，就能讓深色褲子不致褪色。不要把牛仔褲放進脫水機，這樣會破壞纖維，久而久之褲子就會變形。

・聚酯布料

丟進洗衣機用溫水清洗，以中溫熨燙。

・人造絲

用冷水清洗，洗好後立刻掛好，避免產生皺紋。熨燙時使用中溫。

・絲織品

絲織品必須用冷水手洗，使用溫和的洗衣精，而且不要過量。在水中加入幾湯匙的醋，就能讓顏色保持鮮豔，也可以保護絲織品。清洗後不能擰乾，免得讓它受損。絲織品也可以送去乾洗，但乾洗費可能會很貴。熨燙時要用低溫，而且要趁絲織品仍微濕時熨燙。

・絲絨

絲絨多半需要乾洗，但也不是沒有例外。不可以熨燙或摺疊絲絨，免得造成永久性的摺痕。絲絨出現皺紋時，只要把它掛在充滿蒸氣的浴室，或用蒸氣掛燙機整平即可。

・羊毛製品

把洗衣機調整到羊毛清洗程序，或用手洗。如果要用手洗，一定要用冷水，否則羊毛會糾結或縮水。清洗完後請平放晾乾。

收納

在收納衣服時，把衣服摺好或捲好，再把它們放進抽屜。必須將衣服在抽屜中垂直排放，打開抽屜時，才能一眼看到所有衣服。

如果衣服需要吊掛，請挑選好一點的衣架，這樣就能避免衣物變形，也不會有鐵絲衣架互相糾結的困擾。

不要把衣服擺放得太緊密，因為衣服也要呼吸。如果你有比較厚重的紡織品，一定要把它掛在寬衣架上，肩膀處才不會變形。

在收納換季的衣服時，一定要先把它們清洗乾淨，用乾淨的棉床單包裹好後，再儲存在乾燥的地方。如果你居住的環境很潮濕，請在儲放處放置一些除濕盒，半年後使用時才不會聞到黴味。

如果要把珍貴的衣服收起來很多年，一定要使用專業的無酸性衣物收納箱。

棉、麻、羊毛和絲之類的天然纖維都需要通風，只有人造纖維才可以用真空收納袋保存。

- **喀什米爾山羊絨**：把它捲好或用衣架掛起它，並在衣廚內放些柏木防蟲球，過段時間再拿出它時，才不會發現衣服上全是小洞，在之後的「防蟲」篇中還有更詳細的介紹。不要把山羊絨裝在塑膠袋裡，但在換季收納時一定要把它裝進收衣袋。

- **牛仔褲**：你可以吊掛牛仔褲，或把它捲起來，但千萬要注意不能折疊，因為牛仔褲的折疊處會受損。
- **絲織品**：存放在陽光無法直射的地方，因為陽光會讓絲織品脆化。
- **羊毛**：捲好或摺好後再收納，因為吊掛會讓羊毛變形。請做好防蟲措施（見下方說明）。
- **防蟲**：只要將薰衣草精油稀釋液，以噴霧瓶噴幾下，就能讓衣服氣味芬芳，又能預防蛾蛀。柏木防蟲球也很有效。蛾有個讓人困擾的怪癖，牠們的品味很不錯，常會先挑最昂貴的天然紡織品下手。如果你懷疑衣服中有蛾的卵或幼蟲，可以把最昂貴的衣服裝進塑膠袋，再放入冰庫冰上幾天，把蛾卵和幼蟲殺死。最容易被蛾蛀的布料，就是喀什米爾山羊絨、羊毛、絲和棉織品。

維護

整理出自己的膠囊衣櫥後，接著就要花時間去照顧這些衣服，如此才能盡可能延長它們的壽命。

- **褪色的衣服**

衣服如果褪色了，只要再染色就能重獲新生。如果你的某套衣服已經褪色，看起來也很破舊，讓你想要丟掉它，這時不妨試試染色，讓它變得煥然一新。

・外套

用衣物鬃毛刷或黏毛刷，除去外套上的塵土和寵物毛髮。如果不是萬不得已，不要把外套送去乾洗。可以先試著局部清潔，再把它晾乾。

・起毛球的衣服

很多人都會丟掉起毛球的衣服，即使衣服並沒有損壞。其實只要靠幾個技巧，就能解決毛球問題：

先清洗起毛球的衣服，洗好晾乾後穿上它，依照你刮體毛的方式，拿刀片輕輕刮它。可以先選一小片區域試刮，刮出心得了再處理整件衣服。

・縮水的衣服

如果衣服在清洗時縮水了，可以將它泡濕，再輕輕地把它拉大。趁衣服還濕時穿上它，輕輕地拉平皺摺，梳理它直到膨鬆，衣服變乾時纖維便會恢復原狀。穿著濕毛衣也許很噁心，但這樣做可以讓它起死回生。

修補

就算已經很努力保養衣服，偶爾還是會發生意外。你只需要知道一些基本的修補技術，就能自己動手輕鬆修補好衣服，不必請人代勞。

• 補丁

如果要用燙布貼，一定要以車縫補強，免得洗過幾次後，燙布貼就開始剝落。

剪裁的補丁布要比洞口大半吋。你可以剪裁出各種形狀的補丁布，但一定要記住，不規則的布比較難縫上。補丁布可以是相同的布料，如果你想標新立異，也可以用不搭調的布料。從衣服中取得補丁布料，例如接縫處或口袋內側。

用大頭針把補丁布固定在洞口邊緣。補丁布的紋理必須和原布料一致，這樣補丁才會和布料融為一體。

縫線必須和原布料的顏色接近，縫補時盡量沿著補丁的邊緣下針。用縫紉機縫補時，請用曲折縫或直線縫；以手工縫補時請用回針縫法。在布料的內側收針打結，並把起毛的縫線處理乾淨。

• 縫補針織衣物或棉布

挑選的縫線必須和羊毛一致，先把針穿過洞口一側的毛線，再穿過另一側的毛線。輕輕地拉合兩股毛線，不要把它們拉得太緊密。

繼續沿著破洞邊緣縫合，直到兩側的毛線都被拉攏，讓破洞消失。

・縫補中號針織品和棉織品的破洞

以等距直線縫法（running stitch）補強破洞邊緣，免得洞口繼續擴大。

請找個磨菇狀的縫補針臺（darning mushroom），或利用碗、杯子側面之類的彎曲表面，把它放在破洞下方，將針織品固定住。

先在同一處重複縫上幾針，把起針處固定好，接著再水平地縫合洞口，就像用棉線在洞口編織出小梯子。至於針距是多少，就要視縫補布料的織法而定。

接著再沿著洞口的上下端垂直縫合，把棉線穿過你剛縫出的小梯子。

打結收線。

・較大的針織品破洞

處理較大的破洞時，建議採用貼花縫補法（appliqué patch）。有次我最喜歡的毛線衣被老鼠啃，似乎已經回天乏術，但後來我買了一些很漂亮的蝴蝶形貼花，用它修補好破洞。現在我變得更喜歡這件毛衣，因為它很有特色。

‧縫鈕扣

很多衣服在販售時都會附上幾顆備用鈕扣，只是我們常會把它隨意丟掉或亂放。請把鈕扣都放在一起，但要分開存放每位家人的扣子，在需要時才不必於一大堆鈕扣中翻找。

以下是縫扣子的方法：

準備幾呎長的線，穿針後把線對摺，在雙線的末端打結。

如果你的線不夠長，那就用單線。

把鈕扣固定在縫合的位置，從內側縫上鈕扣。不要把線縫得太緊，否則扣子會很難穿過扣孔。在鈕扣和布之間保持一針粗細的距離。

參考衣服的其他鈕扣，看看要縫幾針，通常在縫六針後，把針穿過鈕扣和布之間，再繞著縫線幾圈，就大功告成了。

在衣服內側打個小結收尾。

‧收邊

有時只要修改袖子、褲管和裙擺的長度，就能讓不盡人意的衣物變得十全十美。如果你的衣物過大，而你已經不太可能會再長高，就把衣服改得合身一些吧。

要把摺邊改高，只要剪去適當長度，並保留一吋縫新的摺邊。

處理毛邊時，請在縫紉機上用曲折縫法。如果是手縫，就用回針縫法。

把衣服翻面，將摺邊翻起半吋，再把毛邊塞到摺邊內。

熨燙要收邊的衣物，再用大頭針固定。使用縫紉機的話，請用直線縫法，手縫時使用回針縫法。

四、廚房用品的保養

沒有好的廚房用品，很難做出好菜。如果買了理想的廚房用品並好好保養，就不太可能因為廚具不好而把菜做壞了。

鑄鐵

廚房用品的材質中，鑄鐵是最耐用的一種。但必須以愛心和耐心對待鑄鐵用品，才能讓它保持在最佳狀態。

• **開鍋養鍋**

有些鑄鐵鍋在販售時就已經開鍋了。如果你的鑄鐵鍋還沒開鍋，請先花點時間好好開鍋再開始做菜。如果鑄鐵鍋生鏽了，也可以用開鍋法讓它煥然一新。

用刷子和砂紙磨掉鐵鏽。清潔後再把鍋子擦乾。

拿一些酪梨、菜籽油、初榨油或百分之百的純有機亞麻仁油（亞麻仁油並不是食用油，但健康食品店會將它當成 omega-3 補充品販售），把油抹在鍋子的內外兩側。

把油擦掉，只留下一層薄油。

將鍋子底部朝上放入未加熱的烤箱，可以在鍋子下方鋪上鋁箔，或放個盤子承接滴落的油。接著以攝氏兩百六十度的高溫烘烤二十分鐘。

進行六次重新塗油、拭油和烘烤的過程，直到鑄鐵鍋發黑發亮。過程雖然麻煩，但可以製造出天然的不沾表層，辛苦便值回票價了（不要把油塗得太厚，否則不沾表層很容易在清洗時剝落）。

開鍋的次數愈多，不沾鍋的能力會愈來愈好。如果你的鍋子經常用油，或常烹煮有油脂的食物，效果就會非常明顯。

為了避免刮傷鑄鐵鍋，一定要使用木製、塑膠或矽膠的鍋鏟。如果鍋底黏了燒焦的食物，只要把焦垢刷掉，再重新開鍋就好。

鑄鐵鍋的最大好處，它沒有會被侵蝕掉的不沾塗層。你可以一直讓它恢復成鐵鍋狀態再重新開鍋。這就是鑄鐵鍋能用上數百年的原因。

・鑄鐵器具的清洗

鑄鐵鍋用完後必須馬上清洗。不要把它放進洗碗機裡，我就有過很慘痛的經驗。

此外，也不要把熱鍋泡在冷水裡，或冷鍋泡在熱水裡，這樣可能會造成龜裂，或讓鑄鐵鍋變形。

清洗鑄鐵鍋最好的方法，是裝一點水並燒開，在水沸騰時用布擦拭表面。要用夾子夾著布，免得把自己燙傷。

用這種方式清洗，甚至不必用肥皂。也可以用溫的肥皂水清洗鑄鐵鍋，但不要把鍋子全泡在水裡。找個柔軟的清潔工具，輕輕地擦拭它，千萬不能用鋼絲絨或金屬刷。

要讓鍋子乾燥，只要把水倒出，將它放在爐子上，讓水氣自行蒸發。如果要對它做進一步的保護，用油很快地擦拭它，再把它放在爐子上燒兩分鐘，保護層會更加耐久。如果鍋子冒煙了，表示養鍋成功了。

最重要的是，要讓鑄鐵鍋完全乾燥。在收納時必須取下鍋蓋，免得空氣中的水分造成鏽蝕。

如果想再加強保護，請在鍋裡放一塊布或一個茶包，吸收空氣中的水分。

刀具

一套好的刀具能讓你在廚房中得心應手，因此就算要多花點錢，也該買一組好的刀具，而且必須好好保養它們，讓它們保持在最佳狀態。

- 使用

各種刀具都該被用於它們原本的用途，才能預防刀具和使用者受到傷害。

- 清洗

各種刀具都應該人工清潔和擦乾。把刀放在潮濕的洗碗機中，會讓刀更容易生鏽和受損。如果你發現不鏽鋼刀具、餐刀、餐叉，或其他廚房用具上出現鏽斑，輕輕刷去鐵鏽就好，要注意不要刮傷金屬。除鏽時可以使用一些「酒吧之友」（Bar Keepers Friend）萬能去污劑，或用檸檬汁和塔塔粉（cream of tartar）調製的灰泥。在清潔後幾天，金屬表面就會自行生成一層氧化鉻。

- 收納

不要把刀具都塞進抽屜裡，因為抽屜被拉動時，會讓刀具互相摩擦，刀刃會變鈍，要拿刀時也很容易把自己割傷。

我有一個萬用刀座，能收納各種尺寸的刀具。我很推薦這種刀座，和專為某個品牌設計的刀座相比，萬用刀座更能搭配你以後可能會購入的各種刀具。

為了避免濕氣造成生鏽，請在放置不鏽鋼餐刀、餐叉和廚房用品的抽屜中，放入矽膠吸濕劑或岩鹽之類的吸濕用品。

・保養

必須常常磨刀，但鋸齒刀則不可以磨。你可以在週日的大餐後定期磨刀。磨刀時可以用支磨刀棒，它的長度應該和你最長的刀一樣。

把刀刃以二十度的夾角與磨刀棒摩擦。如果怕自己的手藝很生疏，建議上網學習正確的磨刀技巧。如果你有興趣，也可以在磨刀時，想像自己是《冰與火之歌：權力遊戲》中的艾麗婭・史塔克（Arya Stark）。

請每年用自己的磨刀器，把刀具磨利一到兩次。或是把它們交給專家磨利。

砧板

不要把木製砧板放進洗碗機或放進水槽裡，因為水分會讓砧板變形和裂開。清洗砧板時，只要用肥皂水把它擦乾淨就好。如果砧板才剛切過生肉，在清洗時加入一點漂白水，以確保衛生安全。

收納砧板前一定要讓它充分乾燥。

每隔幾個月就要為砧板塗油一次，砧板才不會裂開。使用的油最好是食品級的礦物油。塗油前要先確認砧板已經很清潔、乾燥。拿一塊布泡在油裡，接著用布輕拭砧板，使油在砧板上停留上幾小時或一整晚，再把黏膩的部分擦拭掉。

如果你想預防木製湯匙乾裂，也可以用相同的方法為它們塗油。

若你用的是塑膠砧板，就不必塗油了。以洗碗機清洗塑膠砧板，但要確認它能承受洗碗機的溫度。

鍋子和平底鍋

要烹煮出美味的食物，未必只能靠很精緻的炊具。如果能只用一些實用的陽春炊具，不但省錢省力，還可以節省廚房的收納空間。

・烹煮

一定要把平底鍋放在適當大小的爐頭上，火焰才不會燒到鍋子外緣，或不小心將鍋把燒融。請查看使用說明書，了解平底鍋的耐熱範圍。

使用塑膠、木頭或矽膠炒具，免得把不沾表層刮傷。

・清洗

先讓平底鍋冷卻，再把它放進水中。如果鍋底黏了難以清洗掉的食物，在鍋子裡裝些熱肥皂水，直到焦硬處被泡軟。接著用尼龍菜瓜布或鬃毛刷洗刷乾淨，這樣做不會把鍋子刮傷。鐵或鋁製的平底鍋可以放入洗碗機清洗（請一定要先看看說明書），但銅鍋就只能用手洗。清洗銅鍋時絕不能用漂白水，因為漂白水會把銅鍋侵蝕出小洞。

要清除不沾鍋上的髒污，只要將清水和漂白水以二比一的比例混合，再加入幾湯匙的食用小蘇打，接著倒入鍋中，煮沸五分鐘就能除去髒污。

・收納

如果你家的空間夠大，把鍋子吊掛起來，這樣能避免把鍋子堆疊在一起時，可能造成的凹痕或刮痕。

在把不沾鍋收起來前，請先為它塗上一層很薄的食用油，可以延長不沾表層的壽命。

・是否該擦亮鍋具

有些人喜歡把銅鍋擦得閃閃發亮。亮晶晶的鍋子確實賞心悅目，但這對銅鍋的壽命未必有幫助。很多專業大廚寧可讓銅鍋日積月累地長出自然的銅鏽，也不會擦亮它們。

塑膠和橡膠用品

功欲善其事，必先利其器。有了適當的工具，也要了解它們的限制，例如耐熱程度，如此才不會遇上飯菜還沒煮好，就前功盡棄的窘境。

廚房用品的使用

把任何東西放進微波爐前，一定要先確認它是能放進微波爐的，而且要記住，加熱塑膠用品時絕不能超過它們的耐熱極限。

- **容器的清洗**

有些塑膠製品會在洗碗機中受到嚴重損壞。如果不確定是否會受損，那就用手洗。若塑膠容器上有髒污，只要用食用小蘇打和水清洗，通常就能把髒污洗乾淨。

- **收納**

如果你家有塑膠或橡膠的廚房用品與收納盒，一定要小心陽光和熱源，它們會因此分解，所以要把它們置於乾燥陰涼的地方。

如果發現塑膠製品出現異味，請在裡面塞些報紙吸附異味。

・耐熱玻璃

耐熱玻璃是法式濾壓壺、量杯和某些杯子的製造材料，這種材料非常堅固耐用，但也不能直接在玻璃製品中倒入熱開水，免得玻璃爆裂。要等開水稍為冷卻後再倒入，而且攪拌時絕不能用金屬湯匙，只能用木匙。

五、家電的故障排除

家電也許是家中所有用品中，最讓人擔心害怕的東西。但只要在購買時好好挑選，並且了解會故障的原因，就能減少這種困擾。你要做的第一件事就是整理。把家中所有的說明書和保證書整理成一個檔案。我把家用電器和個人電器的相關資料分開存放。請把家電用不著的配件收進箱子或袋子裡，並貼上標籤。這樣在家電報廢時，就可以把配件一併丟棄，你也可以把它們捐出或賣掉。如此一來，家裡就不會有一大堆莫名其妙的傳輸線。

第一道防線

請人修理家電非常花錢，而且多半只是一些很簡單的維修。在打電話請人來修理前，先照著以下的清單檢查，便能省下一大筆錢。

電器是否過熱了？關上開關，等十分鐘再看它是否能啟動。

檢查機器的設定，看看內建的定時器是否不小心被開啟了？或某些設定啟動了，讓你無法順利操作？例如在使用濃縮咖啡機時，如果把氣閥打開，通過咖啡粉的水流就會停止。

檢查插頭。

查看是否沒做定期保養。在冰箱故障的個案中，幾乎有一半是因為冷凝管太髒造成的，所以快把冷凝管清理一下吧。

查看說明書上的故障排除指示。

上網看看有沒有人曾遇過類似問題，而且有快速的解決方法。

打電話詢問客服人員。

打電話詢問當地維修站。

如果是新買的電器發生故障，那可能是在生產時的品管不良，或是使用不當造成的。若你已經做完上述的故障排除事項，電器仍無法運作，請照著下面的指示做。

如果是購買三十天內故障，而且問題出在製造商，那你可以退貨。

如果已經過了保固期，請詢問修理和零件費用。

查查看能否在別處買到更便宜的零件，但前提是一定要確認這些零件是可靠的。你可以找志願修理人員修理，或花錢請專業人員修理。

家電的保養

就算你在購買家電前已做足了功課，家電還是會因為年久失修而問題百出。你必須好好保養家電，這樣舉手之勞就能解決的小問題，才不會變成讓你荷包大失血的大問題。

・乾衣機

如果乾衣機有絨毛濾網、空氣流向熱交換器和濕度感應器，請常清潔它們。

烘乾前請先把衣服分開，免得它們在乾衣機內結成一團，使衣服更久才能烘乾。

不要把過多的衣服塞進乾衣機。

一定要先看衣服上的標示，確認它們能否用乾衣機烘乾。

・咖啡機

視家中的水質狀況而定，定期為咖啡機除水垢。

購買除垢劑或用半水半醋的混合液除垢。將混合液倒進玻璃瓶煮沸，再用水沖乾淨，連續做幾次直到水垢消失。

・洗碗機

先沖洗碗盤，再把它們放進洗碗機。

每月至少清洗濾網一次。

每隔六個月，在碗盤架最上層放一杯醋或洗碗機清潔劑，再運行清洗行程。

把碗盤放進洗碗機時，注意噴水臂是否能順暢轉動，不被異物卡住。

・廚餘處理機

用冷水沖下廚餘，這樣就能讓脂肪結塊，變得更容易被切碎，也比較不會黏附在刀刃上。

把醋凍成的冰塊和檸檬片丟進處理機，以清潔刀刃和消除異味。

・微波爐

有食物噴濺在微波爐中時要立刻清潔，否則食物殘渣會不斷被加熱，最後變得難以清理。

・冰箱

冰箱的膠條一旦龜裂，空氣就會滲入冰箱。只要看到膠條有髒污，就該馬上清理，而且每半年要為膠條塗些凡士林，保持它的彈性。

冷凝管通常位在冰箱的下方或後面，你每年都需要清潔冷凝管一次；如果有養寵物，那每半年就要清潔一次。先用吸塵器吸出灰塵，再用長柄細刷盡可能刷出冷凝管中的灰塵。若經常這樣做，冰箱的壽命就會大幅延長。

・爐子和烤箱

每兩週要徹底清潔爐臺一次，連爐頭也要一併清潔。

不要把清潔劑噴在爐頭上，免得讓電子點火器受損。

在地板上容易有油漬濺落處放置承油盤，一有油漬飛濺就要馬上清理。

・烤麵包機

定期清理麵包屑，不能讓電熱絲上有任何灰塵。

・洗衣機

清洗各種衣物時都要正確設定功能。

洗衣機裡只能有紡織品，在清洗前要檢查口袋裡是否有鑰匙之類的雜物。

每五年更換進水管一次。

不要把過量的衣物塞進洗衣機。

視家中的水質硬度而定，每三到六個月為洗衣機除水垢一次。

〈附錄二〉了解保證書

以下部分是本書精華中的精華。我在進行產品研究時，會花很多時間詳讀保證書中的蠅頭細書。以下我要介紹的，是從「有條件終身保固」到「無條件保固」的各種細節。

你必須先弄清楚，保證書是由誰提出的，是零售商，還是製造商？保固證明書和保修證明書，通常是同一回事，人們也會把這兩個詞混用。但保修證明書經常涵蓋了人工費用，保固證明書則只涵蓋了零件費用。

要注意的是，很多小公司都有絕佳的售後服務，雖然他們未必會以保修為宣傳手段，但使用他們的產品時若發生問題，他們會盡可能地幫助你。如果你喜歡某個產品，請打電話給生產公司，詢問他們對各種故障情況的處理方式。

無條件保修和保固

某個產品若有無條件保固，製造商就有責任在保固期內，提供免費修理或更換。無條件保固的期限短至一個月，長至一輩子，但保固範圍也許並不涵蓋正常耗損。

有條件保修和保固

有時生產公司會對產品做有條件保修，最常見的條件之一，是他們只對製造過程的瑕疵負責，對意外損壞則一概不負責。

終身保修

何謂終身保修？這就要視各公司的定義了。有些公司認為，「終身」指的是原始擁有者的有生之年。生產鑄鐵鍋的酷彩法廚就是採用這種定義。

有些公司則把「終身」定義為「產品的有生之年」。這種定義指的可以是產品的使用年限（必須先詢問年限究竟為何），或是產品在正常使用下，材料開始自然分解的時間。

有些公司會使用「無條件保修」一詞，卻對保修設下各種條件，最後幾乎成了「保證不修理」。如果你有任何疑慮，請詳細閱讀保證書中的小字。更好的做法是，打電話去生產公司，詢問不保修的範圍。

有些保修證明只在你有正常保養產品的情況下才有效，例如要求你對產品定期維護。因此一定要注意產品有哪些維護事項，把它們列入你的年度工作計畫表中。

無條件終身保修

這通常是指生產公司願意在任何時候收回產品，進行修理或更換。「終身受用」網站上最推薦的就是這種產品。

Style 027

精準購買：比「斷捨離」更極簡、永續的究極之道

A Life Less Throwaway: The Lost Art of Buying for Life

作　　者／塔拉·巴頓（Tara Button）
譯　　者／潘恩典
企劃選書／韋孟岑
責任編輯／韋孟岑、鄭依婷
版　　權／吳亭儀、江欣瑜、游晨瑋
行銷業務／周佑潔、賴玉嵐、林詩富、吳藝佳、吳淑華
總 編 輯／何宜珍
總 經 理／彭之琬
事業群總經理／黃淑貞
發 行 人／何飛鵬
法律顧問／元禾法律事務所 王子文律師
出　　版／商周出版
115台北市南港區昆陽街16號4樓
電話：（02）2500-7008　傳真：（02）2500-7579
E-mail：bwp.service@cite.com.tw
Blog：http://bwp25007008.pixnet.net./blog
發　　行／英屬蓋曼群島商家庭傳媒股份有限公司城邦分公司
115台北市南港區昆陽街16號8樓
書虫客服專線：（02）2500-7718、（02）2500-7719
服務時間：週一至週五09:30-12:00；13:30-17:00
24小時傳真專線：（02）2500-1990；（02）2500-1991
劃撥帳號：19863813　戶名：書虫股份有限公司
讀者服務信箱：service@readingclub.com.tw
城邦讀書花園：www.cite.com.tw
香港發行所／城邦（香港）出版集團有限公司
香港九龍土瓜灣土瓜灣道86號順聯工業大廈6樓A室
電話：（852）2508-6231　傳真：（852）2578-9337
E-mail：hkcite@biznetvigator.com
馬新發行所／城邦（馬新）出版集團〔Cite（M）Sdn Bhd〕
41, Jalan Radin Anum, Bandar Baru Sri Petaling,
57000 Kuala Lumpur, Malaysia.
電話：（603）9056-3833　傳真：（603）9057-6622
E-mail：services@cite.my

線上版讀者回函卡

封面設計／李涵硯
內頁設計排版／唯翔工作室、黃雅芬
印　　刷／卡樂彩色製版印刷有限公司
經 銷 商／聯合發行股份有限公司
電話：（02）2917-8022　傳真：（02）2911-0053

2019年09月03日初版
2025年01月09日二版
定價420元　Printed in Taiwan

ISBN 978-626-390-367-8
ISBN 978-626-390-364-7（EPUB）

城邦讀書花園 www.cite.com.tw

國家圖書館出版品預行編目（CIP）資料
精準購買：比「斷捨離」更極簡、永續的究極之道／塔拉·巴頓（Tara Button）作；潘恩典譯. -- 二版. -- 臺北市：商周出版：英屬蓋曼群島商家庭傳媒股份有限公司城邦分公司發行，2025.01
352面；14.8×21公分. --（Style；027）
譯自：A life less throwaway : the lost art of buying for life
ISBN 978-626-390-367-8（平裝）
1.CST: 簡化生活 2.CST: 消費者行為 3.CST: 消費者教育　192.5　113017690

STYLE

STYLE